SITZPLÄTZE

KONZEPTE BRILLANTER GARTENARCHITEKTUR

Text: Gisela Keil
Fotos:
Nik Barlo jr.
Jürgen Becker
Gary Rogers
Ferdinand Graf Luckner

Inhaltsverzeichnis

Sitzplätze am Haus

Ob Terrasse oder Loggia, ob Veranda oder ein Sitzplatz in einem Gartenhof oder in einem Vorgarten, an die in Hausnähe gelegenen Refugien richten sich unsere Wünsche nach einer Wohnwelt im Freien wohl mit primärer Intensität. Dabei sollen diese Sitzplätze alles, was man an reizvollen Möglichkeiten im Indoor-Bereich vermisst, erfüllen. Kein Wunder, dass diese hausnahen Freiluftzimmer auch die reichhaltigste Ausstattung an Wohn-Ambiente aufweisen. Von Grill und Outdoor-Küche über Pflanzengalerien bis hin zu Licht- und Wärmestrahlern an Sitz- und Liegeplätzen reicht die Bandbreite der Objekte. Was auch immer unser Herz begehrt, die folgenden Beispiele zeigen, dass all diese Sitzplätze in Hausnähe dann besonders gelungen erscheinen, wenn sie in Stil, Material und Farbe starke Bezüge zum Haus aufweisen, daneben aber auch Einflüsse des Gartens aufgreifen, um die Vermittlerrolle zwischen Architektur und der grünen Welt des Gartens zu erfüllen.

Dass diese Regel internationale Gültigkeit besitzt, belegt die Terrasse aus Arizona. Das Haus im Pueblo Revival Style (siehe Seite 192) geht mit seiner gezackten Fassade nahtlos in die Terrasse über, die sich mit ihrem polygonalen Plattenbelag und den typischen gleichmäßigen Fugen sowie dem ebenfalls von dicken, abgerundeten Adobe-Mauern eingefassten Swimmingpool eng an den Stil des Hauses anpasst und mit diesem zu einem geschlossenen Ensemble verschmilzt.

Garten-Design: Dietmar Hussinger, USA

Garten: Hussinger, Arizona, USA

Foto: Gary Rogers

Thronen im Flächendesign à la Mondrian

Ein reiches Beziehungsgefüge weist dieser avantgardistische Garten auf, dessen Spiel mit horizontalen Flächenformaten an ein Gemälde von Mondrian erinnert. In unterschiedlichen Höhen und Texturen setzen sich die Rechtecke scharfkantig voneinander ab. Aber auch an eine moderne Variante eines Senkgartens lassen die vier erhöhten Rasen-Karrees mit den abgesenkten Wasserbecken denken. Und zugleich geben sie eine Kreuzform vor mit einer quer verlaufenden Wasserachse und einer sie kreuzenden Sichtachse, deren Plattenweg sich im Rasenweg zwischen den Becken fortsetzt und in deren optischem Zentrum der Sitzplatz thront.

Die minimalistische Gartenanlage

Nichts ist in diesem formalen Konzept dem Zufall überlassen. Der minimalistische Garten verzichtet in seinem Inneren auf traditionell sinnliche Elemente wie Blütenpflanzen und malerische Gehölze ebenso wie auf markante Höhenelemente. Zugunsten grafischer Effekte bevorzugt das vorwiegend flächig ausgerichtete Design formierte Gehölze und Rasenflächen, die wie Intarsien in die architektonischen Fassungen von Mauern, Plateaus und Belägen eingepasst sind. Freier Wuchs ist nur den Ziergräsern gestattet, die wie ein Zitat der Wildhaftigkeit in kubischen Polyester-Kübeln (von Domani, www.domani.de) und im Wasserbecken singuläre Akzente setzen oder in einer linearen Pflanzung mit weichem Schwung wie ein Pelzkragen zwei gegenüberliegende Rasen-Karrees verbinden.

Der Sitzplatz als Bestandteil des Designs

Vorgezogen in den Gartenraum und frei „thronend“ über dem Garten verzichtet dieser Sitzplatz auf viele Standards einer üblichen Gestaltung. Ohne Wind-, Sicht-, Sonnenschutz und Rückendeckung kommt das Konzept unserem archaischen Anlehnungs- und Schutzbedürfnis nicht entgegen. Tatsächlich sitzt man hier vielmehr wie auf einer Bühne oder einem Präsentierteller. Diese Wirkung verstärken noch die eingeschobenen Kulissen der Buchenhecken und der Kiesbelag, die den Sitzplatz auch optisch vom Haus abkoppeln. Frei wie auf einer Schanze bietet er jedoch eine wunderbare Sicht sowohl auf den formalen Garten wie auf den links anschließenden naturhaften Teil. Die tatsächlichen Intentionen der Gestaltung macht der Plattenbelag sichtbar, der den Sitzplatz konsequent in das Flächenkonzept des Gartens integriert und zum Blickfang erhebt. Dass dieses Freiluftdomizil ästhetisch überzeugt, aber nicht überlaut hervortritt, ist der Wahl des kubischen Mobiliars (Modell „ExTempore“, Design Arnold Merckx, 1998, www.extremis.be) zu verdanken, das aus wetterfestem Aluminium und Jatoba-Holz rund ums Jahr besticht. Zugegeben: Dieser Sitzplatz lädt weder dazu ein, sich romantisch zwischen Pflanzen einzunisten, noch nutzt er die Natur, um Geborgenheit zu vermitteln. Stattdessen ermöglicht er jedoch freie Weitsicht und verweist den Betrachter vielleicht gerade durch seine „Schutzlosigkeit“ darauf, Geborgenheit und Sicherheit in sich selbst zu finden – und vielleicht dabei eine noch viel größere Freiheit zu entdecken.

Garten-Design: Kristof Swinnen, B
Garten: Coene, B
Foto: Ferdinand Graf Luckner

Eine große Terrasse zwischen Sachlichkeit und Natur

Weitläufige Terrassen sind Glücksfälle und erfüllen ihren Besitzern viele Wohnträume. Untergliedert man sie jedoch nicht, wirkt selbst die schönste Sitzgruppe darauf einsam und verloren. Auch im Beispiel rechts war eine große Terrasse gefällig und wohnlich zu gestalten. Zugleich stellte sich damit die Aufgabe, sie als harmonischen Übergang von der modernen Architektur des Hauses in den frei gestalteten, natürlichen Garten zu konzipieren.

Auflockerung einer großflächigen Terrasse

Ein Holz-Belag wie auf dieser Terrasse harmoniert nicht nur hervorragend mit moderner sachlicher Architektur, er besitzt auch ein natürliches Flair und belebt die Freiluftoase auf dezente Weise mit der Struktur des Planken-Verlaufs. Vor allem aber lässt er sich jeder Fläche anpassen, selbst wenn sie wie hier Einschnitte und Ausbuchtungen aufweist. Ein solch ungleichmäßiger Verlauf des Terrassenrandes erweist sich als ebenso wirkungsvoll wie attraktiv: Er lockert die große Fläche schwingend auf und untergliedert sie dabei in verschiedene Nutzungsbereiche. So dient das im Hintergrund vorgezogene Areal als Sitzplatz, der sich übrigens auch noch durch eine stufige Höhendifferenz von der Gesamtfläche abgrenzt. Dann verjüngt sich die Fläche, um sich im Vordergrund wiederum für Liegeflächen zum Sonnen und Entspannen in den Garten hinein halbrund auszuwölben. So entstehen wellenartige Konturen, die dem Freizeit-Domizil zum Garten hin organische Bewegtheit verleihen und das befremdliche Flair harter Einschnitte vermeiden. Verzichten Sie auf geradlinige Terrassenabschlüsse insbesondere dann, wenn keine Randbepflanzung anschließt, die diese harten Kanten anmutig überspielt.

Ein Kiesbeet als „Übergangslösung"

Während viele Gartenliebhaber eine Rahmenbepflanzung aus duftenden Blumen und Rosen lieben, entschied man sich hier für ein Trockenbeet. Findlinge, ein alter, bemooster Baumstamm, Kiesel und Gräser intensivieren zum Garten hin das naturhafte Flair – allerdings in fernöstlich anmutender Stilisierung. Damit gelingt diesem Terrassenbeet die Vermittlung zwischen der zeitgenössischen Sachlichkeit von Haus und Terrasse und dem frei gestalteten Garten. Zugleich ist es ein pflegeleichter, in allen Jahreszeiten attraktiver Blickfang, der dem Sitzplatz Beschaulichkeit und meditativen Charakter verleiht. Wilde Karden (*Dipsacus fullonum*) und ein Rosenstrauch durchbrechen die saisonale Überzeitlichkeit. Sie tun sich im Beet nicht nur als Höhenelemente hervor, sondern lassen auch den Wandel der Jahreszeiten erleben. Als wollten sie den Konstruktivismus der Architektur punktuell im Terrassenbeet ausklingen lassen, sind weiße Kugelleuchten eingestreut. Sie beleben es tagsüber mit dem extravaganten Kontrast von Natur und Architektur, während sie nachts der Szenerie stimmungsvolle Glanzlichter aufsetzen.

Garten-Design: Konrad Wittich, D

Foto: Jürgen Becker

Terrasse in ästhetischem Minimalismus

Ein großzügiges Flächendesign und klare Formen kennzeichnen diesen zeitgenössischen Entwurf von Haus und Terrasse. Nur minimal überlappt eine mit Rundsäulen abgestützte Gebäudeauskragung den Übergang zwischen Haus und Terrasse, den große Glasschiebetüren mit flächiger Transparenz definieren.

Grüner Seitenschutz

Als wunderbare Begleiter zeitgenössischer Architektur erweisen sich Ziergräser, bei denen sich grafische Strukturen mit wildhaftem Charakter verbinden. Mit ihren ornamentalen Texturen passen sie hervorragend zu modernen Bauten und Möbeln, deren strenges Formdesign sie andererseits durch naturhafte Urtümlichkeit auf delikate Weise kontrastieren. Auch auf dieser Terrasse spielt die Gestaltung mit diesem Gegensatz, indem sie als Seiten- und Sichtschutz das bis 3,5 m hohe Pazifikschilf (*Miscanthus floridulus*) mit seinen relativ breiten, überhängenden Blättern wählte, das nach vorne hin eine feinlaubige Sorte des Chinaschilfs (*Miscanthus sinensis*) säumt. Beide faszinieren im Herbst mit herrlichen Tönen und sind auch im Winter dekorativ. Erst im Frühjahr schneidet man die Stauden zurück.

Reduktion und Formprägnanz

Reduzieren sich die Farben, treten die Formen hervor. Nach diesem Prinzip wurde auch das Mobiliar der Terrasse ausgesucht. Sind Minimalismus und Einheitlichkeit gefragt, empfiehlt es sich, auch Sitz- und Liegemöbel aus einer Hand zu bevorzugen. In diesem Fall entschied man sich bei Stühlen wie Liegen für das Modell „ExTempore“ (www.extremis.be), das der Designer Arnold Merckx 1998 aus wetterfestem Aluminium und massiven Jatoba-Holzleisten kreierte. Die edlen Materialien ermöglichen, dass die Möbel ganzjährig im Freien überdauern können.

Tipps zu Terrassenbelag und Höhenanschlüssen

- Damit das Wasser von Terrassen abfließen kann und sich weder Pfützen noch Eisglätte bilden können, sollten die Flächen ein Gefälle von 2 % (das sind 2 cm Höhendifferenz auf 1 m Länge) aufweisen.
- Wichtig ist auch die Gestaltung des Übergangs vom Haus auf die Terrasse. Im Beispiel rechts verhindert eine Stufe vor der Tür, dass bei heftigen Regenfällen angestautes Wasser ins Haus eindringen kann.
- Die Alternative zu dieser Stufe besteht darin, dass Haus und Terrasse auf einer Ebene aneinander angrenzen, wobei das Niederschlagswasser von einer mit einem Gitterrost abgedeckten Rinne im Boden entlang der Hausfassade aufgefangen und von dort in die Kanalisation oder in ein Regenfallrohr abgeleitet wird.

Garten-Design: Kristof Swinnen, B

Garten: Coene, B

Foto: Ferdinand Graf Luckner

Romantisches Vestibül zwischen Garten und Haus

Ein zauberhaftes Mischwesen zwischen amerikanischer „porch" und spanischer Veranda verkörpert dieser rückwärtige Anbau an ein altes, norddeutsches Bauernhaus. Nach einer Aufmauerung bis in Sitzhöhe übernehmen Holzpfosten die Konstruktion und tragen ein mit Ziegeln eingedecktes Dach.

Ein Zimmer im Freien

Reinstes Wohlbefinden im Freien ist das Ziel dieses höchst individuellen Freiluftdomizils. Hier sitzt man wettergeschützt durch ein solides Dach, aber auch durch Mauern bis in Sitzhöhe und seitlich eingeglaste Partien, die den Blick auf den Garten rundum gestatten, jedoch Zugluft und kriechende Kälte abhalten. Vor allem aber verdeutlicht dieses Beispiel, dass bei der Gestaltung eines Sitzplatzes immer auch die Gestaltung des Blicks von diesem Domizil aus mitberücksichtigt werden sollte. So ist die Frontseite dieses Refugiums genau auf den Garten und seine Gestaltung ausgerichtet, sodass er durch die Fassung der Pfosten und die ausgebuchteten, zierlich geschnitzten Arabesken darüber wie ein kunstvoller Triptychon (dreiteiliges Tafelbild, oft auch Altarbild, bei dem die einzelnen Bilder in engem Bezug zueinander stehen) erscheint. Gestalten Sie von jedem Sitzplatz aus, auch wenn ein solch artifizieller, scherenschnittartiger Rahmen fehlt, den Garten mit gestaffelten, in die Tiefe reichenden Bepflanzungen, die Vorder-, Mittel- und Hintergrund spürbar machen und ihm dadurch Tiefe und Räumlichkeit verleihen.

Garten-Design: Köster-von Laer, D

Garten: Köster-von Laer, D

Foto: Nik Barlo jr.

Herrschaftliche Residenz auf der Loggia

Eine Loggia ist ein der Wohnung vorgelagerter Raum, der an fünf Seiten von Wänden, Boden und Decke umschlossen, nach vorne aber geöffnet ist. Sie kann sowohl im Parterre wie in höheren Etagen liegen, ragt aber in der Regel nicht über die Flucht der Fassade hinaus – im Gegensatz zu Veranda, Terrasse, Vorhalle (Portikus) oder Balkon. Bei einer Loggia fallen die Nutzungsmöglichkeiten von drinnen und draußen sozusagen zusammen. Anders als bei Balkon, Terrasse usw. wird deshalb im Mietrecht ihre Bodenfläche zur Nutzungsfläche dazugezählt.

Freiluftgalerie im Haus

Seit sie in der italienischen Renaissance vor allem bei repräsentativen Gebäuden und Palazzi verstärkt zum Einsatz kam, umgibt die Loggia ein herrschaftliches Flair. Hier lebt man – im Unterschied zu Balkon und Terrasse – geschützt vor den Unbilden des Klimas, aber dennoch im Freien. Man kann deshalb auf Requisiten wie Sicht- und Windschutz verzichten. Ein Sonnenschutz kann in Form einer Markise jedoch angebracht sein. Im Gegensatz zur Terrasse, die stets eine Vermittlungsrolle zwischen Garten und Haus zu erfüllen hat, ordnet man die Loggia als Schnittstelle zwischen innen und außen eindeutig dem Haus zu. Loggien, die sich zur Gartenseite hin öffnen, sind allerdings häufig mit Fresken verziert, die Pflanzen- und Naturmotive zum Gegenstand haben und dadurch innerhalb ihres architektonischen Rahmens zwischen Haus und Garten vermitteln.

Salon im Grünen

Die Leichtigkeit des Sommers fängt diese Loggia mit ihrer harmonischen Ausgestaltung ein. Haus, Brüstung, Säulen, Decke, Bodenbelag und Flechtmöbel verschmelzen zu einer Einheit aus elegantem Weiß und setzen sich damit deutlich von der grünen Außenwelt ab. Lebendige und doch unaufdringliche Akzente tupfen die gestreiften Kissen ein sowie die heiteren Fuchsien-Ampeln und die an den Säulen hochrankenden Kletterpflanzen. Die sparsame Begrünung hält den Raum für gesellige Aktivitäten frei und stellt dennoch einen pflanzlichen Kontext zum Garten her. Wie die Deckenstrahler lassen sich auch Heizstrahler anbringen, sodass sich die Freiluftsaison auf der Loggia in die Nacht und in kühlere Zeiten hinein verlängert.

Der geschützte Stand ermöglicht es, Mobiliar und Wohn-Accessoires auszuwählen, die nicht regenfest sind, wie Flechtmöbel aus Loom, Peddigrohr, Rattan usw. sowie edle Polstergarnituren, Hängematten und exquisite Textilien. Auch die Farbe Weiß kann, wie im Beispiel rechts, verstärkt zum Einsatz kommen, da die Einrichtung des Outdoor-Wohnzimmers der Verschmutzung weniger als im Freien ausgesetzt ist. Gerne rät man ferner, die Farbe Weiß nicht in größerem Umfang für Balkons, Terrassen und andere Sitzplätze in Südlagen zu verwenden, da sie bei greller Sonne blendet. Diese Regel erübrigt sich jedoch bei überdachten, schattierten Loggien.

Garten-Design: Thomas Henkelmann, USA
Garten: Homestead Inn, Connecticut, USA
Foto: Gary Rogers

Großterrasse mit dem Flair der Natürlichkeit

Ganze Tage möchte man in diesem Paradies vor der Tür im Schatten des alten Baumes verbringen, um den Sommer Revue passieren zu lassen. Das reiche Platzangebot der Terrasse nutzten die Gartenbesitzer für eine stilsichere Ausgestaltung, bei der Natürlichkeit Hand in Hand mit gediegenem Komfort geht.

Große Terrasse als Nahtstelle zur Natur

Eine Terrasse sollte mit ihrer Größe die Proportionen von Haus und Garten berücksichtigen und sich auch bei der Ausgestaltung in Stil, Materialien und Formen an beiden Bereichen orientieren. Während man bei kleinen und mittelgroßen Terrassen auch einmal das – freilich viel Stilempfinden voraussetzende – Wagnis eingehen kann, die Terrasse in Kontrast zum Garten eher ans Haus oder in Kontrast zum Haus an den Stil des Gartens anzupassen, sollten große Terrassen als Bindeglied den floralen und den architektonischen Bereich harmonisch vernetzen, um nicht als großes, befremdliches Mittelstück zu irritieren. Eine gelungene Kostprobe gibt diese Terrasse, die sich dem naturnahen, frei gestalteten Garten durch Naturmaterialien und schnörkellose, unartifizielle Formen anpasst. Das wichtigste architektonische Element jeder Terrasse ist ihr Belag. Hier entschied man sich für einen Klinkerbelag im dezenten, aber dekorativen Flechtverband, dessen erdige Töne ebenso perfekt in die Gartenwelt passen wie zu den silbergrau verwitterten Tönen der formschönen, schlichten Teakholz-Möbel. In ungezwungener Natürlichkeit darf der Garten auf der Terrasse auslaufen, indem Hortensien und andere Pflanzen im Beet oder in Töpfen die Konturen der rechteckigen Fläche auflockern.

Vom Plateau zum Raum

Und noch eine Gestaltungsaufgabe stellt sich auf großen Terrassen: Damit sie als Wohn-„Raum" und nicht als kahle Plattform erlebt werden, sind Höhenelemente einzuplanen. Meist erfüllen Schattenspender wie Sonnenschirme, Sonnensegel oder Markisen diese Aufgabe. Hier dient ein alter Hausbaum am Terrassenrand als idyllischer Schattenspender und lebensvoller Raumbildner zugleich, der in der Dämmerung auch gerne als Laternenträger die Terrasse illuminiert.

Wissenswertes über Klinkerbeläge

Klinker fügen sich mit ihren nicht verblassenden Tönen von Gelb über Rot bis Dunkelbraun sehr harmonisch und natürlich in Gärten ein. Bei hohen Temperaturen gebrannte, frost- und säurebeständige Pflasterklinker bilden über Jahrzehnte unverwüstliche tritt- und rutschsichere Beläge, die sich zu dekorativen Verbänden mit vielfältiger optischer Wirkung verlegen lassen.

Garten-Design: David Seeler, USA
Garten: Macray und Seeler, USA
Foto: Gary Rogers

Grüner Treffpunkt Gartenhof

Statt den geräumigen Zugang zum Haus mit Autos zuzuparken, ließen sich die Anwohner dieser Häuserzeile zu einem zauberhaften Gartenhof inspirieren, der ihnen nicht nur Freude am gemeinsamen Gestalten beschert, sondern auch viele schöne Momente im besonders idyllischen Ambiente. Das Herzstück des eleganten Vorgartens ist der duftige Sitzplatz, der wie ein Extra-Zimmer im kühlen Schatten neue Perspektiven im nachbarschaftlichen Verhältnis eröffnet, sei es beim Plauschen und Feiern, sei es bei der Hausaufgaben-Betreuung der Kinder oder sonstigen Pflichten, die sich auch gemeinsam angehen lassen.

Alles im grünen Bereich

Wenn wie hier eine grüne Welt in einen vorwiegend durch benachbarte Mauern schattierten, länglichen Korridor einziehen soll, heißt es, gründlich zu planen und die Gegebenheiten vor Ort zu berücksichtigen. Damit Kletterpflanzen die Wände und Fassaden begrünen können, sollten diese von schmalen Beeten gesäumt werden. Ihre Fundamente schützt man beim Aushub mit einer isolierenden Wurzelsperre vor Wurzelschäden und Nässe. Da aber schmale Beete in Längsrichtung den Schlauch-Charakter des Gartenhofs noch betonen, empfiehlt es sich, wie in diesem Gartenhof, raumteilende Querriegel einzuziehen, die die Breite akzentuieren und die lange Fläche unterteilen. Man kann sie für eine reiche Bepflanzung nutzen – oder wie im Beet vorne auch für formale Buchsquader und ein Wasserspiel. So bildet sich wie von selbst zwischen den Beetriegeln eine Nische, die sich wunderbar für einen Sitzplatz eignet. Da im Schatten nur eine begrenzte Anzahl von Blütenpflanzen gedeihen, entschied man sich hier primär für Immergrüne, wie Buchs oder Azaleen, die eine dauerhafte Struktur vorgeben, in die zartrosa Petunien saisonale Farbe tupfen. Da der Blick in einem Gartenhof zwangsläufig immer nach innen gerichtet ist, kommt neben der Bepflanzung auch der Bodengestaltung verstärkte Bedeutung zu. Lebendig, ohne aufdringlich zu sein, fügt sich der einheitliche Klinkerbelag im Fischgrätverband ein, der durch seine diagonale Verlegung die schmale Passage optisch verbreitert, weil sie den Blick nach außen lenkt.

Ein Schattenplatz in dezenter Noblesse

Das Mobiliar des Sitzplatzes besteht aus einer wetterfesten Garnitur von Bänken, Armstühlen und Tisch. Die auf raffinierte Weise leicht und elegant wirkenden, schwarzen Möbel aus Gusseisen erinnern an Art-déco-Varianten von Karl Friedrich Schinkels gusseisernen Stühlen, deren Sitzfläche ebenfalls aus schmiedeeisernen Stäben bestand. Sie waren dadurch effizienter zu produzieren und lassen zugleich das Regenwasser gut ablaufen. Der Stil der Möbel passt wunderbar zu Haus und Pflaster. Trotz ihrer designstarken, repräsentativen Optik fügen sie sich sehr zurückhaltend in den Gartenhof ein und lassen dabei der Struktur der Anlage und den Pflanzen den Vortritt.

Garten: Courtyard Garden, Charleston, South Carolina, USA

Foto: Gary Rogers

Kleine Schattenterrasse im grünen Rahmen

Seit Jahrhunderten bezaubern Bäume am Haus als Schattenspender und Sichtschutz, als Windbarriere und stimmungsvoller Blickfang im Wandel der Jahreszeiten. Die Solitärgehölze strahlen nicht nur Ruhe und Kraft aus, sondern verleihen Sitzplätzen unter ihrem Blätterdach eine besonders lauschige Atmosphäre.

Ein Baum als Schattenspender

Besitzer kleiner Gärten entscheiden sich oft für Gehölze nur mit einer gewissen Zaghaftigkeit. Dahinter steht die nicht unberechtigte Sorge, dass der Baum oder Strauch mit den Jahren den ihm zugemessenen Rahmen sprengt, zuviel Raum beansprucht und zugleich auch noch entferntere Gartenteile schattiert. Vor der Auswahl von Gehölzen sollten Sie deshalb in kleinen Gärten besonders sorgfältig deren Wuchsverhalten von Krone und Wurzeln, ihre optischen Eigenschaften und saisonalen Attraktionen bedenken. Andererseits fungieren größenadäquate Bäume vor der Terrasse als Blickfang, der dem Garten Räumlichkeit verleiht und den Sitzplatz unter dem grünen Dach der Blätter in bewegte Spiele von Licht und Schatten taucht. Auf dieser kleinen Terrasse ist Schatten erwünscht, was liegt also näher, als sich für einen Laubbaum zu entscheiden, der obendrein wie eine Markise auch nachbarliche Blicke von oben abschirmt, ohne den Fußraum zu verstellen. Er lässt die Jahreszeiten nicht nur miterleben, sondern auch genießen: Im Frühling wird die kleine Terrasse zum Sonnen-Paradies, wenn die noch kahlen Zweige oder der spärliche Neuaustrieb die ersten Strahlen ungehindert passieren lassen. In der Hitze des Sommers filtert das Laubdach das Sonnenlicht malerisch und sorgt für ein kühles, luftfeuchtes Wohlfühlklima selbst in dicht bebauter Umgebung. Im lichtarmen Winter hingegen lässt der Baum wieder die Sonne ein und bietet sich als malerische Futterstelle für Vögel an.

Behaglichkeit im Grünen

Vorbildlich präsentiert dieses kleine Refugium eine Gestaltungslösung für Schattenterrassen mit wenig Platz. Der Hausbaum ist in das Rahmenbeet gepflanzt und hält dadurch den Bewegungsraum frei. Schattenstauden wie Funkie (*Hosta*), Farn und Lerchensporn (*Corydalis ochroleuca*) geben sich darin bis Oktober ein unverändert attraktives Stelldichein. Damit der Garten größer wirkt und Wände und Mauern verschwinden, erstreckt sich die florale Welt bis ans Haus. In einem seitlich umlaufenden Beet und ausgesparten Platten wurzeln Klettergehölze wie Efeu (*Hedera helix*) und Pfeifenwinde (*Aristolochia macrophylla*), sodass man auf der kleinen Freiluftgalerie grün eingebettet wie in einer Laube sitzt. Um sich den Komfort formschöner, aber etwas ausladender Flechtmöbel leisten zu können, setzen die Besitzer auf den Platzgewinn durch eine Bank. Direkt am Haus vor dem Fenster beansprucht sie ein Minimum an Raum und lädt ein zu trauter Zweisamkeit mit einem malerischen Ausblick auf den ganzen Garten.

Garten-Design: Triejn Siegersma, NL
Garten: Siegersma, NL
Foto: Jürgen Becker

Eleganter Essplatz mit malerischem Weitblick

Wohnlichkeit und Naturnähe vereint diese geschützt liegende Terrasse, die sich in den rechten Winkel des Gebäudes schmiegt und durch einen weiten Dachüberstand auch Regen, Sonne und Hitze aussperrt. In dieses architektonische Umfeld bezog man die großartige Landschaft der Rheinauen mit ein, indem man dem Ausblick zuliebe das Grundstück möglichst natürlich und nur halbhoch eingrenzte.

Die inszenierte Aussicht

Großzügigkeit und Eleganz prägen dieses Konzept, das aus dem dunklen Schattenplatz heraus den Blick in das Licht und die farbige Natur als Haupt-Event feiert. Diesen Effekt verstärken das granitgraue Segmentbogen-Pflaster, das von der Terrasse aus sich auch auf den Weg erstreckt, sowie die schwarzen Loom-Sessel und der elegante Tisch mit seinem nostalgischen Eisenfuß. Selbst der Efeu, der sich an den Stützen des überstehenden Daches emporrankt, erscheint im Gegenlicht fast schwarz. Die begrünten Pfeiler lenken den Blick ins Freie und zerlegen das Panorama in verschiedene Bilder, sodass man wie vor einer Guckkastenbühne sitzt. Sogar auf ein Beet vor der Terrasse wird verzichtet, sodass sich Pflaster- und Rasenfläche klar voneinander absetzen können und als ruhiges Passepartout die Landschaft mit ihrer lebensvollen Vielfalt akzentuieren. Die Wohnlichkeit der Terrasse verstärkt ein Metallleuchter über dem Tisch. Auskragungen und Überstände über Sitzplätzen sind wie geschaffen für ein solch stimmungsvolles Accessoire.

Garten-Design: Jürgen Papenfuß, Jürgen Rösner, Udo Jochems, D

Foto: Nik Barlo jr.

Eine Großterrasse als Vermittler zwischen Gebäuden

Zwischen Wohn- und Bootshaus eingebettet liegt diese geräumige Holzterrasse, deren schlichter Holzplanken-Belag die Struktur der Hausverschalung aufgreift.

Die Terrasse als puristische Architektur

Klare Linienführung, scharfe Kanten, eckige Formen und jeglicher Verzicht auf unnötigen Zierrat verleihen diesem baulichen Ensemble aus Gebäuden und Terrasse eine stille Prägnanz und eine freiheitliche Atmosphäre. Hier entstand mit der Terrasse ein Freiraum ohne stilistisches Diktat, in dem sich Leben und Lebensgenuss in allen möglichen Formen ausdrücken können. Dabei entschied man sich bewusst dafür, die Terrasse als pures architektonisches Bindeglied zwischen die Gebäude einzubetten und verzichtete konsequenterweise auf jegliche Art von „grünen Überläufern", sei es in Form von Topf-, Kübel- oder Kletterpflanzen.

Vernetzung in luftiger Höhe

So wie am Boden der Belag der Terrasse Wohn- und Bootshaus verbindet, so stellen auch die beiden Sonnensegel vor jedem Gebäude einen Bezug zueinander her. Spitz, wie aufeinander zulaufende Pfeile, überspannen beide, das große Segel über dem Sitzplatz sowie das kleine vor dem Bootshaus, die Terrasse mit dynamischer Zielgerichtetheit. Und zugleich deuten sie einen Raum an und verwandeln den Sitzplatz darunter in ein luftiges Zimmer im Freien. Beide Sonnensegel werden vom jeweiligen Gebäude aus zu einem freistehenden Aluminium-Mast abgespannt und können manuell unter den Dachüberstand eingerollt werden. Bei beiden Segeln handelt es sich um Maßanfertigungen der Segelmacherei FSA in 31535 Neustadt/ Mardorf, Meerstraße 117, Telefon 0 50 36/9 20 80.

Der Garten als immergrüne „Randerscheinung"

Der Garten macht exakt an der Terrasse halt. Aufgereiht rahmen Bambusse in eleganten Metall-Wannen eine Terrassenseite und gewähren dem Sitzplatz immergrünen Sicht- und Windschutz. Sie sind halbhoch in den umlaufenden, um eine Stufe abgesenkten Holzplanken-Weg so eingelassen, dass die Wannenhöhe die Höhe der Terrasse aufgreift. Dieser Holzrahmen gleicht extreme Temperaturwechsel aus, was wichtig für ein gutes Gedeihen von Bambus in Gefäßen ist. Dieses Gestaltungskonzept ist ebenso dekorativ wie praktisch, denn das Einsetzen in die Großbehälter verhindert, dass sich die Ausläufer bildenden Riesengräser unkontrolliert unter den Terrassenbelag oder in den Garten hinein ausbreiten. Auch die gegenüberliegende Terrassenseite fasziniert mit immergrüner Struktur durch eine üppige, ebenfalls in Metall-Container gepflanzte Lavendelrabatte, die von Juni bis August mit ihren Blüten Schmetterlinge und Bienen zuhauf anlockt und die Terrasse in ihren mediterranen Duft hüllt. Zu beiden Seiten sind die Pflanz-Container übrigens unterbrochen und halten dadurch einen Zugang zu Garten und Terrasse frei.

Garten-Design: Birgit Hammerich, D

Garten: Antrecht, D

Foto: Nik Barlo jr.

Dachterrasse im stillen Zauber von Grau

Vielleicht schreckt uns die Furcht vor Grauschleiern oder dem Grau des Alltags, weshalb diese Farbe bei Sitzplätzen relativ selten gewählt wird. Dabei hängt die Wirkung einer Farbe immer vom Bezug auf eine andere Farbe in ihrem Umfeld ab. Das Beispiel rechts unterstreicht dies: Vor dem üppigen Grün der Baumwipfel und zusammen mit dem strahlenden Weiß von Mauer und Tischtuch erscheint die vorwiegend in Grau gehaltene Dachterrasse keineswegs flau und langweilig, sondern bestechend extravagant.

Kleines Kabinett im Elfenbeinturm

Zweifellos: Nirgendwo lässt sich die Vielschichtigkeit des Abendhimmels stimmungsvoller genießen als auf einer Dachterrasse. Aber diese Terrasse ist auch selbst ein Stück vom Paradies. Wie alle kleinen Sitzplätze wirkt sie großzügiger durch Reduktion der Farben, wobei die Materialien durchaus variieren können. Silbergrau schimmert das Weißblech, das die Mauer abdeckt und schützt, ebenso wie die Windlichter und der Zink-Kübel. Vor allem aber tragen die formschönen Designer-Stühle und die gestreifte Tischdecke edles Grau in das mediterrane Topfgärtlein, das neben der Zitrone auch Rosmarin und Olivenbaum mit graugrünem Laub beleben. Bei den Stühlen handelt es sich übrigens um den Stapelstuhl „Dr. No“ von Philippe Starck, dem durchgefärbtes Polypropylen (in fünf Farben) und eloxierte Aluminiumbeine unverwüstlichen, wetterfesten Charme verleihen.

Garten-Design: Sigrid Theis, D

Garten: Theis, D

Foto: Nik Barlo jr.

Gartenhof mit Dachplatanen

Wortwörtlich „mitten im Grünen“ sitzt man in diesem Gartenhof, in dem ringsumher und sogar am Boden Mauerwerk und Klinker den Ton angeben. Als erfrischendes Pendant erweisen sich in dieser architektonischen Umgebung die Pflanzen, die sich der Formensprache kongenial anpassen, aber die Farbe der Natur in sie hineintragen. So findet man formierte Gehölze wie die Dachplatanen, die symmetrisch gezogenen Birnenspaliere und die Buchseinfassungen – aber auch Pflanzen, die von sich aus klare Strukturen beibehalten, wie die Lavendel-Rabatten vor Eingang und Fenstern oder den an der Fassade emporkletternden Wein.

Architektur und Biotektur

Was sonst Sonnenschirm, Sonnensegel, eine dicht begrünte Pergola oder eine Markise übernehmen, nämlich einen Sitzplatz vor Blicken und Sonne zu schützen, vollbringt hier das verwobene, dichte Blätterdach von Platanen (*Platanus × hispanica*). Damit aber nicht genug, denn als zusätzliche Beigabe verwöhnen sie daruntersitzende Gartengenießer mit stimmungsvollem Licht und wohliger Kühle. Aber auch vor Zugluft und aufsteigender Bodenkühle am Abend ist man in diesem Refugium geschützt. Eine kniehohe, „grüne“ Mauer aus sorgfältig geschnittenem Buchs wehrt im Fußbereich Unbilden ab, schenkt dem rundum freigestellten Sitzplatz emotionale Geborgenheit und verleiht ihm überdies die einzigartige Geschlossenheit eines grünen Kabinetts inmitten eines architektonischen Raums.

Tipps zur Formierung des grünen Kabinetts

- Zur Anlage dieses grünen Zimmers benötigt man nur wenig offenen Boden. Dazu spart man Pflanzstreifen in Form von zwei rechteckigen Klammern zwischen dem Klinkerpflaster und dem Plattenbelag aus.
- Als erstes in die vier Ecken massive Stützpfosten einschlagen, dann die Platanen einpflanzen. Sie eignen sich besonders gut zum Formieren eines Sonnendachs, da sie sich bis ins hohe Alter gut schneiden lassen und immer wieder frisch austreiben.
- Lassen Sie die Platanen so lange frei heranwachsen, bis ihr Stamm die gewünschte Höhe erreicht hat.
- Bauen Sie dann aus Stangen ein großes, rechteckiges Gerüst, das sie der Länge und Breite nach mit weiteren Stangen mehrfach verstärken. Es sollte die Sitzplatzfläche samt Buchseinfassung gut überdecken.
- Das Gerüst über die Kronen legen und mit nach unten abstützenden Stangen an jedem Stamm mehrfach fixieren.
- Gleichzeitig die Triebe der Platanen in die Horizontale biegen und am Gerüst festbinden.
- Zur Entwicklung eines dichten Dachs die heranwachsenden Triebe regelmäßig fixieren. Mit den Jahren alte Äste entfernen und neue nachziehen.

Garten: Beginenhof in Hoogestraat, B

Foto: Ferdinand Graf Luckner

Vorgezogene Terrasse im konzipierten Farbgleichklang

Bestimmte räumliche Vorgaben, wie zum Beispiel der Vorbau eines Wintergartens, können der Terrasse den Platz am Haus streitig machen, sodass man sie etwas in den Garten hinausverlagern muss. Für den Besitzer dieses Gartens ergab sich dadurch das gleiche Problem, das sich auch bei Sitzplätzen an der Gartengrenze stellt: einen Sichtschutz zu finden, der lauschige Geborgenheit und ungestörtes Fürsichsein garantiert und darüber hinaus noch mit Stil und Farbe Garten und Sitzplatz bereichert.

Ein Sichtschutz nach Maß

Ein Sichtschutz erfüllt seine Funktion immer dann optimal, wenn er genau Bezug auf seine Umgebung nimmt. Soll er nicht nur Blicke, sondern auch Lärm abhalten, wird man eher zu Mauern oder begrünten Lärmschutzwänden tendieren. Im Garten rechts ist dies nicht der Fall. Auf Höhe der gepflasterten Ausbuchtung für den Sitzplatz schließt auch vom Nachbarn her ein Garten mit Blumenbeeten an. So entstand der Wunsch nach einer Privatsphäre ohne rigide Abschottung – sozusagen ein Sichtschutz mit gerade soviel Transparenz, dass er für Licht, Luft und schemenhafte Impressionen durchlässig ist und dadurch einen Anflug von Natürlichkeit und Belebtheit gewinnt. Dieser Wunsch erweist sich als besonders berechtigt, wenn der Sichtschutzzaun großflächig und obendrein unbegrünt ist. Wer ihn hingegen als Tummelplatz für allerlei Kletterpflanzen nutzen möchte, muss weniger Gewicht auf seine feine Ausgestaltung legen. Stattdessen sollte man sich in diesem Fall jedoch vorab mit den Nachbarn in Verbindung setzen, denn die meisten Klettergehölze haben das Bestreben, viel weiter zu wachsen, als es die Zaunhöhe vorgibt.

Dieser Sichtschutzzaun fügt sich nicht nur farblich und von seiner Textur her anmutig in den Garten ein. Er harmoniert auch in Farbe und Struktur perfekt mit den klassischen Loom-Sesseln, die allerdings vor längerem Regen geschützt werden sollten. Den Eindruck eines Gartenzimmers vervollständigt der breite Sonnenschirm, der den Sitzplatz wie eine lichte Deckenkonstruktion überwölbt.

Bezugsquellen zum Ambiente des Sitzplatzes

- Der Sichtschutz-Zaun ist eine Maßanfertigung mit besonders enger Maschenweite der Gartenarchitekten Koch + Koch und kann für alle Größen und in allen Farben über ihr Büro bestellt werden (Koch + Koch, Türkenstraße 4 a, 82396 Pähl, www.koch-koch.de).
- Bei den Armchairs handelt es sich um das Modell „Loom Classic“ von Garpa in der Farbe English Green (www.garpa.de).
- Auch der Sonnenschirm ist von Garpa (Modell „Umbria“). Der elfenbeinfarbene Bezug aus imprägniertem, waschbarem Dralon ist abziehbar und zu reinigen.

Garten-Design: Alexander Koch, D
Garten: Vogl, D
Foto: Ferdinand Graf Luckner

Nischenplatz am Herrenhaus

Ihre Lage im rechten Winkel des herrschaftlichen Gebäudes beschert der bühnenartig erhöhten Terrasse gleich mehrere Vorzüge: Man sitzt wohlig geborgen an diesem Platz, der durch die wärmeabstrahlenden Wände gegen Abend außerdem mit einem temperierten Kleinklima verwöhnt. Und darüber hinaus gewährt der erhöhte Sitzplatz einen optimalen Blick auf das Zierbecken und seine Wasseroberfläche.

Bühne frei für noble Sitzkultur!

Dieses Motto gilt auch für dieses Freizeitdomizil, das sich ans Haus anschmiegt, ohne wie Terrassen in anderen Lagen mit allerlei Wohnaccessoires zum Outdoor-Wohnzimmer ausgestaltet zu sein. Bei Terrassen, die sich so markant vor schönen Hausfassaden erstrecken, tut man gut daran, auf optische Zurückhaltung zu achten, um die Wirkung des Hauses nicht zu schmälern. Bestens im Stil passen hier die „Fontenay"-Klappstühle von Garpa (www.garpa.de), die sich an den klassischen Promenaden-Stühlen des Fin de Siècle orientieren. Bei aller Anmut und Eleganz wirken sie unaufdringlich. Massive Teakleisten und verzinkter, pulverbeschichteter Stahl machen sie absolut wetterfest.

Pflanzen als Akzente

Inmitten der steinernen Übermacht von Gebäude, Einfassungsmauern, Kiesweg und Steinbecken treten die warmen Erdtöne der Tongefäße ebenso wie die der Metallgefäße mit ihrer Rostpatina besonders deutlich hervor und bilden zusammen mit dem Grün der Pflanzen erfrischend natürliche Akzente. Terrasse und Innenhof strahlen auch deshalb eine solch feine und stille Harmonie aus, weil nur Blütenfarben geduldet werden, die das Haus bereits vorgibt: So greifen die altrosa Hortensienblüten (*Hydrangea macrophylla*) die Farbe der Klinker auf, während die weißen Hortensien- und Petunienblüten mit Tür und Fenstern korrespondieren.

Tipps zum Begrünen von halbhohen Mauern und Säulen

- Lassen Sie halbhohe Mauern und Pfosten nicht unbegrünt. Sie bilden einen wunderbaren Hinter- und Untergrund für eine vielfältige Pflanzenpracht.
- Nutzen Sie Mauern in einem eher modernen oder formalen Umfeld als Pflanzen-Galerie. Dazu gleiche Pflanzen in gleiche Gefäße setzen und in linearer Formation aufreihen. Damit erzielen Sie starke ornamentale Effekte.
- Romantisch verwunschen sehen hingegen herabhängende Blütengirlanden von Ampelpflanzen oder überhängenden Pflanzen in Gefäßen aus.
- Ganz ungewöhnlich wirken Mauerkronen und Pfeiler, die direkt mit Hauswurz (*Sempervivum tectorum*) begrünt werden. Die Pflanzen einfach austopfen, aufsetzen und mit Kieseln Halt geben. Mit der Zeit überwölben sie die ganze Fläche.

Garten-Design: Heike Slansky v. d. Linden, D
Garten: Slansky v. d. Linden, D
Foto: Ferdinand Graf Luckner

Es entsteht immer ein harmonisches Gesamtbild, wenn sich auf Terrassen die Farben der Textilien, wie hier des Tischtuchs, an die von Fenstern und Türen anpassen.

Erfolgsmodell einer Terrasse – ein Fall für zwei

Als Übergangsbereich zwischen Garten und Haus sollen Terrassen stets zwischen Natur und Architektur vermitteln und darüber hinaus als ästhetisches Zimmer im Freien möglichst viel Komfort und Behaglichkeit bieten. Dabei haben Sie bei der Ausgestaltung die Möglichkeit, zu gewichten und die Terrasse eher der architektonischen oder der floralen Welt zuzuordnen. Einfluss darauf wird allerdings auch die räumliche Anbindung der Terrasse nehmen, je nachdem, ob sie sich auf einer Ebene, höher oder tiefer als Haus und/oder Garten befindet. Im Beispiel rechts liegt die Terrasse auf einem Niveau mit Haus und Garten, weshalb man sie weitläufig in den Garten hinausziehen konnte.

Anbindung an eine Architektur der Natürlichkeit

Das Wohnhaus gibt bereits mit seinem schindelgedeckten Dach und den mit Holz verkleideten Wänden einen eleganten Landhaus-Stil vor. In dieses Szenario fügen sich die primären Elemente der Terrasse wunderbar ein. Da ist einmal der Klinkerbelag mit dem warmen, naturverbunden Flair seiner Erdfarben. Ihn komplettieren die beiden gediegenen Teak-Sitzgruppen, deren silbergraue Patina exakt mit der des Hauses korrespondiert. Selbst die wuchtigen Holzbottiche und Keramikgefäße sowie die Vogel-Skulpturen aus Eisen und Stein fügen sich mit ihren Naturtönen nahtlos in die vorgegebene Farbenwelt ein und unterstreichen die Atmosphäre von entspannter, ungezwungener Eleganz und Großzügigkeit.

Die Vernetzung mit dem Garten

Ringsherum steht diese Terrasse im Dialog mit dem Garten. Als malerischer Schattenspender überwölbt sie ein großer Baum in Hausnähe, während Aussparungen im Plattenbelag sogar grünes Leben zwischen Terrasse und Haus ermöglichen. Vor allem aber prägt die Terrasse der zwanglose Rahmen von ausgepflanzten Hortensien, die das Freiluftidyll an drei Seiten einfassen, sich aber auch in großen Gefäßen Zutritt zu ihr verschafft haben und dadurch die geradlinigen, harten Konturen des Bodenbelags unregelmäßig überspielen. Gerade dieses grüne Überspielen linearer Grenzen, seien es Einfassungsmauern, Beckenränder oder der Abschluss des Bodenbelags, ist ein wichtiger Gestaltungstrick, um auf einfache Weise Terrassen organisch in den Garten einzubetten. Diese Aufgabe können Pflanzen übernehmen, die im angrenzenden Beet wurzeln, in Aussparungen des Plattenbelags gepflanzt wurden oder in Gefäßen die vegetabile Welt verkörpern. Denken Sie dabei aber immer daran, Zugänge zum Garten frei zu lassen.

Tipp zum Gruppieren von Pflanzen in Gefäßen

Reihen Sie Topfpflanzen auf der Terrasse nicht einfach hintereinander auf, das wirkt meist langweilig. Gruppieren Sie sie besser in ungerader Zahl und gestuft in unterschiedlicher Höhe, sodass ihre Konturen ein Dreieck bilden.

Garten-Design: David Seeler, USA
Garten: The Bayberry, Seeler und Macray, USA
Foto: Gary Rogers

Patio im Fluidum wohnlicher Details

Locker und heiter fängt dieser Innenhof die Ungezwungenheit mediterraner Lebensart ein. Sein wohnliches Ambiente und die wenig durchgestylt wirkenden Arrangements lassen Urlaubsstimmung aufkommen und machen den gepflasterten Gartenhof zu einer Insel unbeschwerter Entspannung.

Pflanzen zur variantenreichen Belebung

Wie in den meisten Garten-, Innen- und Atriumhöfen ist auch hier der Boden gänzlich ausgepflastert, sodass frisches Grün nur in Gefäßen Eingang in die abgeschottete private Welt finden kann. Passend zu den warmen Erdfarben des Klinkerbelags, der Dachziegel und der Ziegelwand entschied man sich dabei ausschließlich für Gefäße in Terrakottatönen. Sie alle verleihen dem Gartenhof Prägnanz und geben eine farbliche Grundstimmung vor, die sich wunderbar mit dem Grün der Pflanzen ergänzt. Wohlbedacht ist in diesem Patio auch die Pflanzenwahl. Da fällt an erster Stelle Buchs (*Buxus sempervirens*) ins Auge. Er ist auch in Gärten mit verschlossenem Boden ein wirklicher Pflanzenschatz, denn er bewahrt seine frischgrüne Form zu allen Jahreszeiten, wächst langsam, lässt sich zu beliebigen Formen und Figuren trimmen, gedeiht gut in Gefäßen und kann darin auch im Freien überwintern – vorausgesetzt, er erhält einen schattig-geschützten Platz an der Hauswand. Als Kugelbäumchen in Form großer und kleiner Kugeln sowie als Kegel kommt er auch in diesem Patio zu Ehren. Die Aufgabe raumbildender Höhenelemente übernehmen hingegen zwei Feigenbäume (*Ficus carica*) in Kübeln. Die mediterranen Blattschönheiten schätzen das geschützte, ja sogar aufgeheizte Klima eines Innenhofs, benötigen im Winter aber ein kühles Quartier im Haus – was übrigens auch für die dekorative Schmucklilie (*Agapanthus praecox*) mit ihren riemenförmigen Blättern und den blauen Blüten sowie für den rundkronigen, immergrünen Lorbeerbaum gilt. Sie alle tragen mit ihrem mediterranen Kolorit einen Hauch Urlaubsstimmung in den Patio. Neben immergrünem, winterhartem Buchs und Kübelpflanzen übernimmt ein Klettergehölz die dritte Form des Pflanzen-Stylings in diesem Refugium. An der Ziegelwand entfacht die Kletterhortensie (*Hydrangea anomala* ssp. *anomala*) einen großflächigen Blütenrausch und fußt dabei in einem wannenartigen Hochbeet vor der Mauer. Dazwischen ergänzen blaue Blütenpflanzen das Kobaltblau der Kissen und Polsterauflagen.

Accessoires für die Wohnlichkeit

Die Mauern von Gartenhöfen stecken bereits einen Raum im Freien ab, der zum Bewohnen einlädt. Folgerichtig verlangen sie deshalb nach Komfort und charmanten Details. Hier entschied man sich für eine wetterfeste Teak-Sitzgruppe samt Liege, die auch im Winter keinen zusätzlichen Stellplatz benötigt. Reizende Dekorstücke an Mauer und Fassaden sowie ein Beistelltisch mit arrangiertem Stillleben verleihen der wohnlichen Ausstrahlung erst den letzten Schliff.

Garten: Beginenhof in Hoogestraat, B

Foto: Ferdinand Graf Luckner

Multifunktionaler Familientreffpunkt

Sobald es die Temperaturen erlauben, kann dieser Sitzplatz zum Angelpunkt des gesamten Familienlebens werden: Hier kann bereits das Frühstück gemeinsam eingenommen werden, Kinder können am großen Tisch ihre Hausaufgaben machen, Freunde und Bekannte empfangen, die Dame des Hauses lädt hier ebenso passend zum Kaffeekränzchen ein wie abends zu einem Glas Wein, zum Sommerfest oder am Sonntag zum Familientreffen.

Farb- und Formzuweisungen

Wie ein Teppich hebt sich der Bodenbelag aus hellen, griffigen Betonsteinplatten vom umlaufenden, dunklen Klinkerbelag ab und begrenzt damit klar die Fläche für die Sitzgruppe. Diese passt sich perfekt der steinernen Auslegeware mit ihren massiven Teakholz-Möbeln an, die sowohl die Form des Rechtecks wie den hellen Farbton aufgreifen. Dass Sitzplätze besonders harmonisch wirken, wenn der Tisch und damit die Form der Möbel das Format des Bodenbelags wiederholen, illustriert dieses Beispiel bestens. Den Eindruck einer hellen Sitzinsel verstärken die cremeweißen Polsterauflagen, die wunderbar mit der Hauswand korrespondieren, während das Orange von Tischtuch und Sonnenschirm eine fröhliche, sommerliche Note beisteuert. Das Flair und die Einbindung eines Sitzplatzes in seine Umgebung lassen sich also allein durch Textilien, ihre Farben und Muster erreichen – ein wichtiger Aspekt für alle, die einen schnellen „Tapetenwechsel" wünschen.

Garten-Design: Chr. Göttke-Krogmann, D

Garten: Nordlohne, D

Foto: Nik Barlo jr.

Ein Gartenhof voller Köstlichkeiten

Vorgärten müssen nicht immer extrovertiert gestaltet und allseits einsichtig sein. Steht genügend Platz vor dem Haus zur Verfügung und gestatten es Lage und Umfeld, kann man sie auch wie einen Innenhof in ein Idyll privaten Rückzugs verwandeln. Dies ist der gestalterische Ansatz im Beispiel rechts. Der Sitzplatz dominiert hier nicht als repräsentativer Akzent, sondern beseelt als kleine Wellness-Insel den vorbildlich gestalteten Gartenhof.

Die dauerhafte und attraktive Struktur

Auch bei privatester Nutzung kommt Gärten, die am Zugang zum Haus liegen, ein halböffentlicher Charakter zu, vermitteln sie doch jedem Besucher einen ersten Eindruck von ihrem Besitzer. Als grüne Visitenkarte sollten sie deshalb durch eine prägnante, dauerhafte Grundstruktur in allen Jahreszeiten bestechen.

Als Musterbeispiel vermag dieser Gartenhof gleich durch eine Reihe ausgefallener Gestaltungsideen zu inspirieren. Sicht-, Windschutz und Fürsichsein gewährleistet eine immergrüne Schnitthecke, die das Areal einrahmt und durch einen repräsentativen Rundbogen zugänglich macht. Darin überrascht den Besucher ein Paradiesgärtlein der besonderen Art. Ein warmtoniger Klinkerbelag im ganzen Vorgarten führt sauberen Fußes bis zum Haus. Damit das Pflaster jedoch nicht eintönig wirkt, wurden seitlich ein Beet und innerhalb der Fläche Rondells ausgespart. Während eine rund bepflanzte Baumscheibe das Pflaster mit dem lebendigen Grün der Gefleckten Taubnessel (*Lamium maculatum*) koloriert, lockert das zweite Rondell den Klinkerbelag durch Muster und Textur seiner konzentrisch verlegten, großen Flusskiesel auf. Neben diesem reizvollen Flächendesign beleben auch markante dauerhafte Höhenelemente den Garten, wie der Walnuss-Baum, ein mächtiger Schattenspender mit ausladender Krone, dessen Laub zudem Mücken vertreibt, sowie die zierliche Plastik im Zentrum des Kieselrondells. Dass die Kreisform das kontrastive Gestaltungsschema dieses rechteckigen Gartenhofes ist, beweisen auch die Buchshalbkugeln, die in linearem Staccato das Kräuterbeet vor der Hecke halbrund einfassen. Küchen- und Heilkräuter erweisen sich vor der Haustür immer als praktisch, da sie schnell zur Hand sind. Hier befinden sie sich außerdem in Sitzplatznähe, den sie mit ihren Aromen überziehen können.

Der variable Sitzplatz

Fester Bestandteil dieses Gartenhofes ist die nostalgische Parkbank, die zur Abwechslung nicht am Haus, sondern ihm gegenüber vor der Hecke aufgestellt wurde. Von dort aus liegt das Gebäude mit dem Vorgarten im Blick und bietet dem Auge konträre Ansichten wie vom Haus aus. Da die Pflasterfläche jede Sitzplatzgröße erlaubt, lässt sich die Bank mit Bistro-Tischchen und Klappstühlen schnell und unkonventionell bei einem Überraschungsbesuch erweitern und kann mit einem größeren Tisch und mehreren Stühlen sogar zu einer geselligen Tafelrunde umgestaltet werden.

Gartendesign: Poley-Bom, NL
Garten: Poley-Bom, NL
Foto: Jürgen Becker

Wohnkomfort in elegantem Split-Level-Design

Die Terrasse soll als Übergangsbereich zwischen Haus und Garten vermitteln und kann durch ihre Gestaltung eher dem Wohnbereich oder dem Garten zugeordnet werden. In diesem Beispiel erweitern Plateaus auf verschiedenen Höhen den Wohnbereich des Hauses großzügig in den Garten hinein. Sie beherbergen zwei Sitzgruppen und einen Einzelsitzplatz und bieten weitere Sitzmöglichkeiten auf der Treppe, sodass die Bewohner Freizeit-Domänen vorfinden, die sowohl dem Bedürfnis nach Geselligkeit wie nach Zurückgezogenheit Rechnung tragen.

Baulichkeit und Beschaulichkeit

Stilsicherheit und gestalterische Konsequenz prägen dieses Terrassen-Ensemble, das sich auf wenige Materialien und Farben beschränkt und einem strengen architektonischen Konzept folgt. Rechteckige Formen und Flächen sowie das Fehlen von weichen Rundungen und Kreisformen sind seine Kennzeichen und verknüpfen es nahtlos mit der Architektur des Hauses, dessen Weiß wie selbstverständlich auch auf die Mauern der Terrasse übergreift. Die bauliche Einbindung erstreckt sich sogar auf das rechteckige Zierbecken, dessen grauer Betonstein nicht nur als Beckeneinfassung, sondern auch bei Mauerkrone, Treppen, Strukturierung des Pflasters und Terrassenabstützung Verwendung findet. Dagegen steuern Klinkerbelag und Terrakottagefäße warmtonige, erdige Komponenten bei.

Ausstattung und Bepflanzung

Auch Mobiliar und Textilien strahlen ruhige Einheitlichkeit aus. Bei den behaglichen Korb- und Holzmöbeln dominieren helle Holztöne, während Tischdecke und Kissen mit einheitlichem grau-weißen Streifen-Dessin noch einmal die Farben der Betonsteine und Wände dezent variieren.

Zur Ausgewogenheit tragen auch die Pflanzen bei. Für dauerhaftes Grün sorgen dabei immergrüne Gehölze, wie Buchs (*Buxus sempervirens*) im Kübel und als Teicheinfassung oder Lorbeerkirsche (*Prunus laurocerasus*) als Sichtschutzhecke an der Mauer, die ein Formschnitt wie bauliche Elemente ins architektonische Bild einpasst. Als eingestreute Kontraste dürfen sich nur die Saisonpflanzen in den plattenverkleideten Pflanzbeeten und Gefäßen an der Mauer freiwüchsig und ungezwungen entfalten.

Garten-Design: Helgard und Volker Püschel, D

Foto: Jürgen Becker

Abgesenkte Terrasse mit saisonalen Höhepunkten

Terrassen können in Bezug zum Haus auf gleicher Ebene, höher oder tiefer als dieses liegen. Das Gleiche gilt in Bezug zum Garten. Wie und mit welchen Mitteln die einzelnen Situationen gelöst werden, sollte gut bedacht werden, zumal die Kosten nicht unerheblich sind. Im Beispiel rechts liegt das Haus erhöht, während der Garten hangartig abfällt. Um die Terrasse für eine Sitzgruppe und als Liegeplatz zugleich nutzen zu können, verlegte man sie auf eine Plattform eine Etage tiefer. Diese Lösung erbrachte einen herrlichen Platzgewinn, ist preisgünstiger als ein auf Stützpfeilern errichtetes Plateau in Haushöhe und fügt sich vor allem sehr organisch in den weitläufigen Landschaftsgarten ein.

Besonderheiten abgesenkter Terrassen

Eine abgesenkte Terrasse ist zugleich ein in den Garten eingebetteter Sitzplatz, der besondere Nähe zu Pflanzen und Natur sowie heimeliges Sitzen in geschütztem Kleinklima verspricht. Als Nachteil kann es sich in kleineren Gärten bei dichter Bebauung erweisen, dass angrenzende Bewohner von oben eine unverstellte Einsicht auf den Sitzplatz haben. Durch einen großen Sonnenschirm oder eine überbauende Pergola kann man sich jedoch gegen die Blicke abschotten. Der zweite Nachteil ergibt sich aus der Distanz zum Haus. Ein solcher Sitzplatz wird in der Regel weniger Wohn-Accessoires aufweisen als eine geschützte oder gar teilweise überdachte Terrasse. Das Mobiliar sollte, wie die Teakmöbel in diesem Beispiel, unbedingt wetterfest sein, damit sie zumindest von Frühjahr bis Herbst nicht eingeräumt werden müssen. Vor allem jedoch ist der Zugang zu einer abgesenkten Terrasse immer weiter als zu einer sich direkt anschließenden. Dies bedeutet jedesmal einen weiteren Weg, ob man nun zum Sonnen und Entspannen geht oder Essen und Getränke serviert. Verbunden mit diesem Weg ist auch immer eine Treppe, die aufgrund der häufigen Nutzung ein Höchstmaß an Sicherheit und Komfort gewähren und sich obendrein als attraktives Element auszeichnen sollte.

Elegie der Farben

Vorbildlich umgesetzt sind all diese Aspekte im Garten rechts. Die abgesenkte Terrasse kann auf Sichtschutz verzichten, da sie innerhalb eines großen Landschaftsgartens und außerhalb jeglicher Einsicht durch Fremde liegt. Wunderbar harmoniert die silbrige Patina der Teakmöbel mit dem gelblichen Grau und Beige der Natursteinplatten und verschmilzt zu einem dezenten, stillen Farbbild, in das sich auch die Stufen der Treppe sowie das dekorative Metallgeländer mit seinem Teakhandlauf perfekt einfügen. Im Spätsommer und Herbst, wenn sich die blühenden Gräser von ihrer schönsten Seite zeigen und die braunrote Purpur-Fetthenne (*Sedum telephium*) das Ton-in-Ton-Arrangement sanft ergänzt, kann man hier zweifellos traumverlorene Stunden verbringen. Der Sitzplatz kann indessen im Frühjahr mit Zwiebelblumen zu einem zweiten Blütenfest einladen.

Garten-Design: Wolfgang Oehme und James van Sweden, USA

Garten: Rifkin, Connecticut, USA

Foto: Gary Rogers

Sitzplätze im Garten

Sitzplätze innerhalb des Gartens sind nicht nur Ruhezonen und stille Rückzugsmöglichkeiten oder Plätze für gesellige Runden, sondern erfüllen im Konzept des Gartens immer auch noch eine oder mehrere ästhetische Gestaltungsfunktionen. So können sie als Blickfang oder idyllisch versteckte Überraschung konzipiert sein, als Element, das den Garten mit einem Pavillon um eine elegante Kleinarchitektur oder mit einer Alkovenbank um ein romantisches Höhenelement bereichert. Im Beispiel rechts übernimmt der Sitzplatz innerhalb eines weitläufigen Gartens mit seinem Rondell aus Holzplanken auch die Aufgabe der horizontalen Flächenunterteilung. Der nostalgische Pavillon erhebt sich dabei ebenso wie der Sonnenschirm markant über das weite, flache Niveau von Rasen, Wasser und Rondellbelag, die sie als Höhenelement beleben.

Neben diesen Grundstrukturen fasziniert dieses Beipiel durch seine originelle Verdichtung. So sind auf diesem kreisrunden Deck wie auf einer Wellnessoase alle Prototypen aus dem Erholungs-Repertoire versammelt: eine Sitzgruppe für geselliges Miteinander, Liegen zum Entspannen und Sonnen sowie ein Pavillon zum Verlängern des Genusses am Abend oder bei Regen. Das Deck selbst erhält halbkreisförmig von Hortensien Schutz und Rückendeckung, während es sich nach vorne halbrund über eine konzentrische Wasserfläche erstreckt.

Garten-Design: Jürgen Papenfuß, Jürgen Rösner, Udo Jochems, D

Garten: Keller, D

Foto: Nik Barlo jr.

Exotischer Gartenhof der Entspannung und Begegnung

Wer im Dschungel der Großstadt seine Mittagspause mit Kollegen in einem solchen Gartenhof verbringen dürfte, würde dies sicher täglich als Glücksfall empfinden. Der bis ins Detail durchgestaltete kleine Garten mit seiner lebendigen, warmen Ausstrahlung lässt sich aber auch ohne Weiteres als Grillplatz in einem sonnigen Hinterhof oder auf einer privaten Dachterrasse vorstellen.

Raum und Rahmen

Trotz seiner architektonischen Einfassungen und der doppelreihigen Pergola, die ihn überdacht, wirkt der kleine Gartenraum heiter und beschwingt. Dabei genügen ein paar Gestaltungstricks, um diese Wirkung hervorzurufen. Intim und lauschig werden kleine Gartenreiche durch Abschottung der Außenwelt. Als Sichtschutz fungiert hier eine Wand aus Stahlblech mit Durchblicken nach außen. Genauso gut könnte es sich aber auch um eine Hausfassade mit Fenstern handeln, deren eintönige Flächigkeit durch eine bewegte Woge von Cortenstahl-Streifen aufgelockert wird. Eine halbhohe Stützmauer davor umgrenzt eine Nische für eine Bank und bietet selbst jede Menge Sitzmöglichkeiten sowie dahinter reiche Pflanzmöglichkeiten. Solch erhöhte Pflanzbeete haben stets den Vorteil, den Fußraum kleiner Areale freizuhalten. In diesem Garten bilden sie die Basis für eine florale Vitalkur in den frischen Rot- und Silbertönen australischer Pflanzen. Wie ein Senkgarten im Kleinen wirkt dieser Gartenteil, auf dessen Grund sich nach klassischer Senkgarten-Tradition ein Rasen im Miniaturformat wie ein ausgerollter Flokati ausbreitet. Dahinter steigt der Garten über Treppen zur zweiten Bank hin wieder an, um dort durch eine Pergola sogar noch über sich hinaus zu einem Gartenzimmer zu erwachsen.

Grill- und Konversationsbereich mit eigenem Farbkonzept

Nicht nur die räumliche Formgebung verleiht diesem Ort der Begegnung ein solch heimeliges Flair. Großes Gewicht kommt auch der Farbgebung zu. Die sanft geschwungenen Lattenbänke geben mit ihrem rotbraunen Jarrah-Holz ein warmtoniges Ambiente vor, das sich in den dynamischen, strahlenförmigen Strukturen der Keulenlilie (*Cordyline australis* 'Red Star') sowie im Rostfinish der Pflanztöpfe und in einigen Pflanzen im Hochbeet wiederholt. Jarrah ist das langsam wachsende, schwere Hartholz einer Eukalyptus-Art (*Eucalyptus marginata*), das zu den edelsten und schönsten Hölzern der Welt zählt. Es ist weitgehend unempfindlich gegen Schädlinge, Witterung, Säure und Feuer und trägt das warme Flair der roten Erde Australiens in den Garten. Wunderbar vereint sich dieser Farbton mit den zahlreichen graulaubigen Pflanzen sowie mit dem hellen Grün von Buchs, Rasen und der Hohen Wolfsmilch (*Euphorbia characias* ssp. *wulfenii* 'Silver Swan'), an deren Spitzen sich im Frühjahr große Dolden hellgelber Blüten bilden. Das höhenversetzte Gegenüber der Bänke lädt ebenso zum Miteinander wie zum Fürsichsein ein, während der Grill rechts nur darauf wartet, in Dienst genommen zu werden.

Garten-Design: Jim Fogarty, Australien
Garten: Chelsea Flower Show 2004, GB
Foto: Gary Rogers

Kleine Säulenhalle in fantasievollem Feudalstil

Solide überdachte Kleinarchitekturen sollten den Garten immer mit einer besonders repräsentativen Optik bereichern – egal in welchem Stil. Der Aufwand, der allein für die Errichtung des Baus nötig ist, wäre ohne stilvolle und detailverliebte Ausgestaltung sonst so gut wie verschenkt.

Der Sitzplatz – gestalteter Teil des Gartens

Durch die Säulen dieser freistehenden Loggia kann man den Garten auch bei unwirtlichem Wetter in immer neuen Ausschnitten genießen. Dazu stehen herrlich bequeme, nachgebildete Korbsessel bereit, die das noble, träge Flair eines Luxushotels aus dem Kairo der 20er Jahre verströmen. Gerade größere Bauten, wie dieses Refugium, sollten durch mehrfache Parallelen stimmig in den Garten eingebettet werden. Dies geschieht einmal durch die Farbe. So harmoniert das aparte Chinarot nicht nur wunderbar mit dem Grün des Gartens, sondern wiederholt sich auch leitmotivisch bei allen Bauten in diesem Garten, wie dem schmucken Gerätehäuschen im Hintergrund, aber auch beim nicht abgebildeten Wohnhaus, Wintergarten und Rosenhaus. Wie alle diese Gebäude ist auch die Loggia liebevoll verziert und für lange Sommerabende mit romantischen Laternen bestückt. Die zweite Einbindung des Sitzplatzes in den Garten vollbringt der markante Bodenbelag aus Katzenkopfpflaster, der sich über den gesamten Zentralweg erstreckt und auch für das Mauerwerk von Pfosten und Säulenbasis verwendet wurde.

Wissenswertes zum Katzenkopf- oder Flusskiesel-Pflaster

- Für das Pflaster verwendet man große, unbearbeitete Feldsteine oder Flusskiesel mit einem Durchmesser von 15 bis 25 cm, die auch Rundlinge genannt werden.
- Durch ihre unregelmäßigen Formen ergeben sie ein sehr lebhaftes und plastisches Pflaster, das sich aber wegen der großen, ungleichmäßigen Fugen schlecht für Sitzplätze eignet. Stuhl- und Tischbeine finden darauf nur schwer einen stabilen Halt.
- Katzenkopf-Pflaster ist teuer, wenn man das Material nicht in Absprache mit dem Bauern auf Feldern (nach dem Pflügen) oder an Flüssen zusammensucht, hält aber über Generationen.
- Soll das Pflaster seine plastische Wirkung entfalten, muss die Oberfläche der Steine mindestens 3 cm über die Bettung überstehen. Soll es hingegen gut zu begehen sein, wird man die Steine so tief und engfugig wie möglich einbetten.
- Die Rundlinge können ungebunden in ein „loses" Bett aus Sand, Splitt oder Kies verlegt werden. Dabei besteht aber die Gefahr, dass die großen Fugen schnell ausgewaschen werden oder sich Unkraut einnistet. Die Alternative ist die gebundene Verlegung in Zementmörtel.

Garten-Design: Friedrich Hechelmann, D

Garten: Hechelmann, D

Foto: Jürgen Becker

Weißes Lustschlösschen am Gehölzrand

Pavillons sind Kleinarchitekturen der Verführung, denn sie versprechen durch ihren Bau wie durch ihre Innenausstattung Stunden in Luxus inmitten der Natur. Auch wenn sie meist wie Lauben offene oder halboffene Seitenwände haben können, unterscheiden sie sich doch von diesen durch ein geschlossenes, meist sehr aufwändiges und dekorativ ausgeführtes Dach. Ganz gleich, ob der Grundriss rund, quadratisch, rechteckig oder fünf- bis achteckig geschnitten ist, sie bieten stets Aufenthalt für mehrere Personen in einem äußerst gepflegten, wenn nicht gar erlesenen Stil. Heute werden auch oft Zwittergebilde als Pavillons bezeichnet, wenn sie fantasie- und kunstvolle Dachkonstruktionen tragen, wie Metall-Lauben mit offenen, aber meisterlichen Dächern oder Sommer- und Gartenhäuser, die sich zwar durch geschlossene Seitenwände auszeichnen, aber pavillonartige Dächer besitzen.

Aspekte der Auswahl und Planung

Aufgrund ihres repräsentativen und ornamentalen Charakters benötigen Pavillons immer ein gewisses Umfeld und einen Freiraum, vor dem sie zur Wirkung kommen. Sie sind deshalb im Unterschied zu Lauben nicht für winzige Gärten geeignet. Für alle anderen Gärten gibt es im Handel ein großes Angebot aus Holz, Metall, Kunststoff, Stahlrohr und Glas in den unterschiedlichsten Stilen, Farben und Preisklassen. Achten Sie bei der Auswahl neben dem Stil auch auf ausbalancierte Größenproportionen, denn ein zu zierlicher Pavillon geht in einem großen Areal leicht unter, während ein zu mächtiger einen kleinen Raum erschlagen kann. Informieren Sie sich auch vorab bei der zuständigen Behörde, denn je nach Bundesland und Rauminhalt des Bauwerks kann eine amtliche Genehmigung erforderlich sein.

Tipps zum Stil und zur Repräsentation im Gartenraum

- Pavillons können in frei gestalteten Gärten romantisch zwischen Gehölzen eingebettet oder von Kletterpflanzen berankt einem abgelegenen Winkel anmutigen Glanz verleihen.
- Zum malerischen Blickfang werden sie wie im Beispiel rechts am Rand eines Gartens oder einer Rasenfläche unter hohen, alten Bäumen.
- Pavillons verhelfen Teichen zu klassischen Höhepunkten, indem sie einen pittoresken Akzent am Ufer bilden.
- Auf Erhebungen, Kuppen oder erhöht am Hang situierte Pavillons sind ein weithin sichtbarer Blickfang und sollten immer stilvoll konzipiert werden.
- In formalen Gärten können sie als zentraler Treffpunkt in einem Wegkreuz brillieren, am Ende einer Allee, eines Wegs oder einer Blickachse als Fluchtpunkt das erstrebte Ziel vorgeben oder wie Wachhäuschen in Garten- und Mauerecken integriert werden.

Foto: Ferdinand Graf Luckner

Weithin erstrahlt am Gehölzrand dieser blendend weiße, sechseckige Pavillon, dem Buchskugeln in Gefäßen ein imposantes Entree bescheren.

Nahaufnahmen vom Kirschblütenfest

Wer es vorzieht, aus nächster Nähe die Höhepunkte und wechselnden Stimmungen der Jahreszeiten im Garten zu erleben, wird die Ungezwungenheit mobiler Sitzplätze lieben. Diese Refugien entspringen nicht einer wohlüberlegten Planung und Gestaltung, sondern sind Orte spontaner Gartenlust, an denen man erholsame Stunden in der Natur und die Abkehr vom Alltag mit Seele und Sinnen genießt.

Jahreszeiten-Sitzplatz im Frühling

Saisonale Sitzplätze sind keine Kultstätten des Lifestyle, sondern kleine Genusswelten für den Augenblick. Wie den meisten mobilen Freizeitoasen fehlen auch diesem Jahreszeiten-Sitzplatz ein befestigter Untergrund, jeglicher installierte Wind-, Sicht- und Sonnenschutz sowie eine wohnliche Ausgestaltung. Der Gartengenießer rückt vielmehr mit möglichst komfortablem Mobiliar an die vorgegebenen Attraktionen im Garten heran. Im Frühling wählt man dafür gerne über und über blühende Gehölze. In kleinen wie großen Gärten genügt dafür bereits ein Solitär, wie diese breitkronige Japanische Blütenkirsche (*Prunus serrulata* 'Miyako'), unter deren gefüllten, weißen Blüten sich ganze Tage verträumen lassen.

Wichtig für mobile Sitzplätze ist jedoch die Wahl des Mobiliars. Dabei sollten vier Kriterien beachtet werden: Gewicht, Mobilität, Aussehen und Bequemlichkeit. Konkret heißt dies: Tische und Stühle sollten leichtgewichtig sein, damit man sie problemlos herumtragen kann. Noch besser ist es, wenn Stühle obendrein zusammenklappbar oder stapelbar und Tische ausziehbar oder aufklappbar sind. Wer sich ausstrecken will, wird Liegen oder Deck-Chairs mit Rädern zum Schieben besonders praktisch finden. Im Übrigen sollten die Möbel in Material, Farbe und Design zum Gartenstil passen. Malerisch unterstreichen zum Beispiel diese klassischen Klappmöbel (Modell „Fontenay“ von Garpa) das elegante, gepflegte Gartenbild. Die aus verzinktem, pulverbeschichtetem Stahl und massiven Teakleisten gearbeiteten Stühle beleben die Gartenszene mit einem Hauch des Fin de Siècle, ohne zu dominieren.

Frühlingsblühende Solitärgehölze für Jahreszeiten-Sitzplätze

- Kupfer-Felsenbirne (*Amelanchier lamarckii*)
- Judasbaum (*Cercis siliquastrum*)
- Tulpen-Magnolie (*Magnolia soulangiana*)
- Zierapfel (*Malus*-Hybriden, *Malus floribunda, M. sargentii, M. tschonoskii*)
- Zierkirsche (*Prunus yedoensis,* Sorten von *P. serrulata* und *P. subhirtella*)
- Edelflieder (*Syringa-Vulgaris*-Hybriden)
- Frühlings-Tamariske (*Tamarix parviflora*)

Achtung: Die anmutigen Blumenhartriegel (*Cornus florida, Cornus kousa* und ihre Sorten) sind empfindlich gegenüber Bodenverdichtungen und leiden unter häufigen Belastungen durch mobile Sitzplätze.

Garten: Japanischer Garten Bayer Leverkusen, D

Foto: Jürgen Becker

Mobiler Sitzplatz mit Salon-Charakter

Wie unter den schlanken Säulen eines gotischen Doms sitzt es sich im bewegten Schatten des hohen Laubdachs dieser imposanten Eichen. Zu atemberaubender Höchstform läuft der alte, eingewachsene Garten jedoch im Mai/Juni auf, wenn die mächtige Rhododendronhecke nach und nach ihre farbenprächtigen Blütenbälle öffnet. Dann entfacht die sonst dunkelgrüne Sichtschutzhecke einen so farbleuchtenden Kulissenzauber, dass es sich lohnt, bequeme Sitzmöbel dorthin zu transportieren, um dieses wochenlange Schauspiel aus nächster Nähe zu genießen.

Kontrastprogramm auf weichem, grünem Flor

Der bestechende Reiz dieses Freiluftdomizils beruht gestalterisch auf dem Kontrast von purem, ungezwungenem Naturdesign, wie es Bäume und Hecke in diesem Gartenteil ohne jegliches bauliche Element versinnbildlichen, und dem formvollendeten, innovativen Design von Sessel und Sitzbank. Dieser Konfrontation von Pflanzenwelt und Menschenwerk, von organisch Gewachsenem und artifiziell Konstruiertem liegt jedoch eine „gemeinsame Basis" zugrunde. Ihr verbindendes Element ist der samtige Rasen, dessen dichter Flor am Fuß der Bäume nur der richtigen Rasenwahl und versiertester Pflege zu verdanken ist. Sitzplätze, die auf einen befestigten Untergrund verzichten und wie hier als mobile oder halbmobile Inselparadiese auf dem Rasen residieren, beanspruchen diesen beträchtlich. Deshalb ist die Wahl der Rasenmischung von entscheidender Bedeutung. Wählen Sie für vorwiegend schattige Gartenpartien einen robusten Schattenrasen, für sonnigere Plätze einen Gebrauchs- oder Familienrasen. Diese Rasenmischungen nehmen Beanspruchungen nicht so schnell übel, besonders dann, wenn Sie den grünen Flor sorgfältig pflegen. Halten Sie ihn durch regelmäßiges Mähen auf 4 bis 4,5 cm Schnitthöhe und düngen Sie zweimal jährlich im April und Juni.

Die ästhetische Seite des Komforts

Dass einer der führenden Hersteller von anspruchsvollen und extravaganten Gartenmöbeln und Gartenleuchten wie Frank Boschmann (Firma Royal Botania, www.royalbotania.com) seine Produkte auch im eigenen Garten präsentiert und genießt, spricht ganz sicher für diese. Die dreisitzige Bank und der Sessel gehören zu dem mehrteiligen Modellzyklus „ninix", den der belgische Designer Kris van Puyvelde im Jahr 2000 entwarf. Der ebenso schlichte wie formschöne, kubische Rahmen ist aus gebürstetem Edelstahl, während Sitzflächen und Lehnen aus massivem Teakholz gearbeitet sind. Dieses Material macht die Möbel wetterfest, sodass sie – ohne Kissenauflagen – rund ums Jahr im Garten bleiben können. Als vorteilhaft erweisen sich auch die leistenartigen Standauflagen, die verhindern, dass die schweren Möbelstücke im unbefestigten Boden einsinken. Mit ihrer klaren Ästhetik bereichern sie den Garten wie Skulpturen und verführen zugleich zum gepflegten Entspannen.

Garten-Design: Frank Boschmann, B

Garten: Boschmann, B

Foto: Ferdinand Graf Luckner

Hideaway mit Südsee-Flair

Zu einer Robinsonade im eigenen Garten lädt dieser selbst gebaute Pavillon ein, der im Schutz von Gehölzen idyllisch zwischen Farnen und Efeu eingebettet ist.

Ein Pavillon kreativer Reduktion

Während Pavillons meist als repräsentative Gartenresidenz oder kunstvoller Akzent einen Hauch von Luxus in den Garten tragen, fügt sich dieser Pavillon eher organisch und wie gewachsen in den Garten ein. Für welchen Pavillon Sie sich auch entscheiden, achten Sie bei der Auswahl darauf, dass er im Stil unbedingt in den Garten passt. Dieser Pavillon in den Farben der Savanne korrespondiert wunderbar mit dem frei gestalteten, naturhaften Garten. Dem entspricht auch die raffinierte Schlichtheit seiner schirmartigen Konstruktion, die vorwiegend aus Naturmaterialien wie Bambus und Holz besteht. Ein zentraler massiver Rundholzbalken dient als Träger des achteckigen Daches aus Holzlatten und Plexiglas. Mit großzügigem Überstand ruht es auf einem Korpus aus ebenfalls acht Rundholzstützen, die durch horizontale Träger miteinander verbunden sind. Zwischen den Stützen übernehmen luftige Bambusmatten die Funktion von Wänden. Fenster sind nicht nötig, da durch das Dach aus Plexiglas genügend Licht in den Innenraum fällt. Dieser wurde mit einem Rundholzpflaster ausgelegt, auf dem sich vier Sitze aus entrindeten Baumstämmen um eine dicke Baumscheibe gruppieren, die am Mittelpfeiler montiert wurde und als Bistrotischchen fungiert.

Garten-Design: Bärbel Schöning, D

Garten: Schöning, D

Foto: Nik Barlo jr.

Raumteiler für einladende Zwischenstopps

Bänke sind stilvolle Ruhezonen, die mit ihrer schmalen Form auch wie Kulissen seitlich quer ins Gartenareal hineinreichen können und es dabei in zwei Bereiche unterteilen. Zugleich verführt ein solcher Raumteiler beim Gang durch den Garten dazu, in der Bewegung innezuhalten, um dann im Sitzen den Garten aus umgekehrter Blickrichtung zu genießen.

Die kunstvolle grüne Verzahnung

Natürlich sollten Sie auch bei quer platzierten Bänken nicht die Gestaltungsregel außer Acht lassen, dass ein Sitzplatz nach Rückendeckung und seitlicher Einbindung verlangt. Für den großen Garten rechts haben die Gestalter hierzu eine pittoreske Lösung gefunden: Wie eine grüne Landzunge schiebt sich eine Gehölzgruppe in den Gartenraum hinein und schirmt gleichzeitig die Bank von hinten ab. Damit Bank und Sträucher aber als Einheit wahrgenommen werden, bediente man sich zweier weiterer Gestaltungstricks: So erhielt die Bank einen halbkreisförmigen Pflasterbelag, der sich an das Gehölzbeet anlehnt und dessen Konturen in den Umriss des grünen Raumteilers übergehen. Und obendrein werden Sitzplatz und Gehölzgruppe durch das einheitliche Grün des umlaufenden Rasens zusammengeschweißt. Um die Bank mit dem Gehölzerahmen aber nicht nur horizontal, sondern auch räumlich zu vernetzen, arrangierte man zu beiden Seiten Kübel mit üppigen Schmucklilien (*Agapanthus praecox*), die mit ihrem üppigen, dekorativen Laub Leerstellen zwischen Bank und Gehölzkulisse schließen.

Der Raumteiler als farbprägnanter Blickfang

Durch eine geschickte Auswahl von Pflanzen und Materialien erreichte man außerdem, dass diese Halbinsel rund ums Jahr ihre geschlossene Form behält und den Garten mit wechselnden Blütenfarben belebt. Ein durch alle Jahreszeiten gleichbleibendes Bild bietet der Sitzplatz, dessen frostfeste Teakbank auch im Winter an Mußestunden im Garten erinnert und mit ihrem verwitterten Silbergrau mit dem Granitstein-Pflaster symbiotisch verschmilzt. Durch ihr immergrünes Laub beweisen auch die Rhododendren Beständigkeit in Farbe und Form und damit auch in ihrer Funktion als dauerhafte Höhenelemente, Raumteiler und Sichtschutz. Im Verbund mit einem Baum, der bereits vor ihnen blüht, lassen sich darüber hinaus jahreszeitlich wechselnde Farbtupfer einstreuen. So folgt nach der Rhododendronblüte von Juli bis August das leuchtende Blau der Schmucklilien, das später durch die Laubfärbung des Baumes abgelöst wird.

Tipp: Variante für kleine Gärten

Ist der Platz knapp, erfüllen auch schmale Höhenelemente wie ein begrüntes Spalier, eine Pergola oder eine eingezogene Schnitthecke die Aufgabe eines Raumteilers hinter der Bank und gewähren ihr zugleich Rückendeckung.

Gartendesign: Architekturbüro Garten und Landschaft Solingen, D

Foto: Jürgen Becker

Nischenplatz im grünen Rahmen

Wer auf kleinem Raum möglichst viele Sitzmöglichkeiten in einem grünen Umfeld unterbringen möchte, ohne dass der Eindruck von bedrängender Enge entsteht, findet im Beispiel rechts reizvolle Gestaltungsideen. Sie lassen sich in Reihenhausgärten ebenso umsetzen wie in Gartenhöfen und Dachgärten. Ovale Durchbrüche in der umlaufenden Sichtschutzmauer ermöglichen Ausblicke ins Freie.

Der Raum im Raum

Die Grundstruktur ist einfach: In die Gartenfläche wird in leicht diagonaler Versetzung mit rechteckigen Ausbuchtungen eine Fläche für den Sitzplatz hineingebaut. Eine halbhohe Betonmauer umgrenzt diese Fläche und bietet jede Menge Sitz- und Abstellmöglichkeiten. Das ruhige, großzügige Gesamtbild dieses Refugiums rührt daher, dass die Mauer passend zum Bodenbelag mit Travertin-Platten, einem großporigen Kalkstein, verkleidet wurde. Hinter der Mauer beginnt das Reich mediterraner Kübelpflanzen, wie Sagopalmfarn (*Cycas revoluta*), Palmlilie (*Yucca*), Zypergras (*Cyperus involucratus*) und Zierbananen (*Ensete ventricosum*), deren Grün die weißen Blüten der betörend duftenden Königslilien (*Lilium regale*) und der Herbstanemone 'Honorine Jobert' (*Anemone*-Hybride) auflockern. Schlicht in der Form und Platz sparend ist auch die Sitzgarnitur von Tisch und Bänken aus massiver Rot-Eiche (*Quercus rubra*), die vier bis sechs Personen Platz bietet und mit ihren klaren Farben und Formen wunderbar mit dem Stein harmoniert.

Sitzplatz und Platzbedarf – so machen Sie das Beste daraus

- Berechnung der Mindestfläche für rechteckige Sitzgruppen:
  Länge des Tischs + 2 m (für Stühle und Spielraum) mal
  Breite des Tischs + 2 m (für Stühle und Spielraum)
- Zusatz-Ambiente: Sollen darüber hinaus noch Liegen, Grill, Pflanzen und andere Accessoires untergebracht werden, muss die Fläche noch größer sein.
- Platzsparer: Bänke beanspruchen weniger Platz als Stühle und Sessel, zumal wenn sie an die Hauswand oder an eine Mauer anschließen. Rechteckige Tische und Sitzgruppen benötigen weniger Raum als runde.

Der Flächenzuschnitt des Sitzplatzes ist jedoch oft ausschlaggebender für seine Nutzungsmöglichkeit als die Quadratmeterzahl. Hier deshalb einige Maßangaben als Orientierungshilfe bei der Einpassung von Sitzgruppen:

- Bei einem rechteckigen Tisch: Gehen Sie von einer Tiefe von 3 m aus, die Länge ergibt sich aus der Länge des Tischs. Veranschlagen Sie bei einem länglichen Tisch für 8 Personen ca. 4 x 3 m, sollen daneben noch zwei Liegen Platz finden, benötigt man eine Fläche von 9 x 3 m.
- Bei einem runden oder ovalen Tisch (Ø 1,3 m): Gehen Sie von 4 m Tiefe aus. Bei ovalen Tischen ergibt sich die Länge aus der Länge des Tischs.

Garten-Design: Phillip Osman, GB
Garten: Hampton Court Palace Flower Show 2006, GB
Foto: Gary Rogers

Outdoor-Setting im Kontrast der Gegensätze

Die originellsten Situationen in Gärten ergeben sich oft durch den kreativen Umgang mit Fundstücken, die man nach ureigenen Vorlieben höchst individuell mit Pflanzen, anderen Elementen und Accessoires kombiniert. Für einen solch aparten Geniestreich entschied man sich bei diesem Sitzplatz, indem man um einen schweren Sandsteintisch designprämierte Stühle aus Aluminium gruppierte.

Design meets Nature

Damit der tonnenschwere Tisch bei Nässe nicht im feinen Splittbelag dieses rechteckigen Sitzplatzes versinkt, benötigt er ein solides Punkt- oder Streifenfundament, auf dem seine Stützen aus Sandsteinquadern – ebenfalls zusammengetragene Fundstücke – ruhen. Noch praktischer ist es freilich, wenn die gesamte Fläche auf einem Betonfundament basiert, das mit einer Neigung von 2 bis 2,5 % dafür sorgt, dass Regen oder Tauwasser auf die anschließende Wiese ablaufen kann. Die imposante, thronartige Ausdruckskraft des Tischs findet eine angedeutete Fortsetzung im Garten: in dem grünen Korridor, mit dem säulenförmig formierte Gehölze eine Blickachse vorgeben, um dann bei einem modernen Metallobjekt zu enden. Metallisch grau ist alles Menschenwerk in diesem Konzept: die Aluminium-Stühle, die den Tisch in optischer Leichtigkeit umrunden, die Liege im Garten, von deren designstarker Linienführung die Wirkung eines Kunstobjekts ausgeht, ja sogar die mächtige Tonkugel am Tisch und der Splittbelag des Sitzplatzes.

Design-Ikonen als Freizeit-Möbel

Möbel tragen nicht nur Wohnlichkeit und Flair in den Garten, sondern auch ein Stück Kulturgeschichte, vor allem dann, wenn sie wie diese Objekte zum legendären klassischen Repertoire der Design-Möbel zählen.

- Der Stuhl „Landi“ ist das bekannteste Objekt des Schweizer Künstlers und Möbel-Designers Hans Coray (1906–1991), den dieser für die Züricher Landesausstellung von 1939 entworfen hatte. Der Stuhl wird aus gestanztem Aluminium geformt, wobei die Lochung der Sitzschale zwei Vorteile hat: Sie reduziert das Gewicht und lässt das Regenwasser ablaufen. Heute zählt der unverwüstliche, stapelbare Allwetterstuhl zu den Design-Klassikern und ist in den wichtigsten Design-Sammlungen der Welt vertreten, so auch im New Yorker Museum of Modern Art. Seit 2004 widmet ihm die Schweizer Post eine eigene Briefmarke. Seit 2007 ist er wieder erhältlich bei Westermann AG (www.landistuhl.com) oder bei Inneneinrichtern wie www.stilleben-online.de.
- Die Design-Liege „Tivoli“ aus Stahlrohrrahmen und Drahtgitter-Bespannung zeichnet sich durch Formschönheit und ergonomischen Komfort aus. Die mehrfach prämierte Liege ist auch in mehreren Farben erhältlich bei der Firma Erlau AG in 73431 Aalen (www.erlau.de).

Garten-Design: Hannelore Brok-Sieker, D
Garten: Brok-Sieker, D
Foto: Nik Barlo jr.

Grünes Wohnzimmer in zentraler Lage

Wer folgte der Einladung in dieses luftige Gartenzimmer nicht gerne, das in einem wohlgeordneten Rahmen Platz für Kinderfeste und Kaffeerunden am Nachmittag ebenso gewährt wie für gemeinsame Spiele in der Familie, für elegante Dinner bei Kerzenschein oder heitere Sommerfeste.

Zentrum geselligen Gartengenusses

Dieser Sitzplatz inmitten des Gartens ist sicher sein Herzstück, das ihn mit pulsierendem Leben erfüllt und Groß und Klein ermöglicht, seinen Zauber in entspannter Gemeinsamkeit zu genießen. Während man in kleinen Gärten meist die Terrasse als geselligen Treffpunkt nutzt und in den Garten selbst nur einen kleinen, verschwiegenen Sitzplatz für erholsame Mußestunden verlegt, gibt es in mittelgroßen und großen Gärten genügend Platz, um wie hier eine weitere Sitzgruppe in das grüne Paradies hinaus zu verlagern. Wer einen solchen Zweitsitzplatz gestaltet, verleiht dem Garten oft auch gerne eine öffentliche, repräsentative Note, denn man öffnet ihn ja für Gäste und Besucher. Stille, verwunschene Einzelsitzplätze hingegen suchen eher die Abschottung und eine Rückzugsmöglichkeit vom Alltag.

Einbettung in den Stil-Mix des Gartens

Es gibt klare Vorgaben zur Platzierung von Sitzplätzen in streng formalen wie in frei gestalteten Gärten. Sehr häufig bevorzugt man heute jedoch eine Mischung aus beiden Stilen, was eine besonders bedachte Planung bei der Standortwahl und der Ausgestaltung des Sitzplatzes erfordert. Einen gewissen Stil-Mix bevorzugt auch dieser Garten, der innerhalb seiner formalen Grundstruktur Beete und Wege in freier Ungezwungenheit gestaltet. Hainbuchenhecken rahmen das Refugium, das einen von Kugelbäumen gesäumten Weg als zentrale Mittelachse durchschneidet. Eine weitere, nur halbhohe Buchenhecke unterteilt die linke Gartenhäfte in zwei Parzellen und steckt so den geschützten Raum für den Sitzplatz ab. Dabei erweist sich ihre reduzierte Höhe gleich mehrfach als vorteilhaft: Sie lässt das dahinterliegende Gartenzimmer mehr erahnen als wahrnehmen und erzeugt dadurch Spannung. Zugleich weitet sie den Garten, indem sie ihm durch die höhengestaffelten Hecken Räumlichkeit und Tiefe verleiht. Und schlussendlich verhindert sie, dass der Sitzplatz in tiefem Schatten liegt, wie ihn eine hohe Hecke werfen würde.

Während die Hecken Schutz und Geborgenheit vermitteln, bindet der Bodenbelag den Sitzplatz in den Garten ein. Der unregelmäßige Verbund aus hellen Platten und Kleinsteinpflaster in erdigen Tönen belebt nicht nur die Wege, sondern geht auch in die Fläche des Freizeit-Refugiums über. Der einheitliche Belag spart dabei unregelmäßige Flächen für duftende Kräuterbeete aus und korrespondiert farblich perfekt mit der natürlichen Eleganz der Teakholz-Sitzgruppe. Als mobiler Schattenspender dient ihr ein großer Sonnenschirm, der in einem massiven Halter fußt.

Garten: Pineman, NL
Foto: Jürgen Becker

Ein Ort romantischer Naturverbundenheit

Baumbänke sind beides: Oase des Naturgenusses im Herzen des Gartens und stilvoller Blickfang, der das grüne Paradies zu allen Jahreszeiten mit dem Fluidum von Wohnlichkeit bereichert. Auf dieser massiven Teakbank kann man alle saisonalen Stationen des alten Apfelbaums und der an ihm emporrankenden öfterblühenden Kletterrose 'Ramira' (Kordes, 1988) aus nächster Nähe erleben und zugleich den Garten aus verschiedensten Blickwinkeln betrachten. Obwohl Baumbänke jahrein, jahraus an ihrem Platz bleiben, bieten sie flexibelsten Sitzgenuss. Hier kann man allein oder zu mehreren den Garten zu jeder Tageszeit in der Sonne oder im Schatten mit jeder Faser genießen. Neben der hier installierten runden Bank gibt es auch sechs- oder achteckige Konstruktionen, die in Naturfarben eine ungezwungene ländliche Note, in Weiß hingegen ein formbetontes, elegantes Flair in den Garten tragen.

Bezugsmöglichkeiten von Baumbänken aus Plantagen-Teakholz

- Garpa, achteckige Baumbank, www.garpa.de
- Barlow Tyrie, Baumbank „Glenham“, rund und achteckig, www.teak.com
- Teak & Garden, Treeseat „Mayfair“ (sechseckig), Treeseat „Sundial“ (rund), www.teak-and-garden.de
- Garten Ambiente Pötschke, rund und achteckig, www.poetschke-ambiente.de

Garten-Design: Thomas Damke, D

Garten: Damke, D

Foto: Nik Barlo jr.

Ein Glaspalast en miniature

Jeder überdachte Sitzplatz prägt mit seinem Material, seiner Farbe und seinem Stil die Atmosphäre des Gartenteils, der ihn umgibt. Während eine massive Holzblockhütte ein wenig von der rustikalen Ursprünglichkeit eines kanadischen Holzfällerlebens auferstehen lässt, erwecken historisch verzierte Metall-Pavillons die nostalgische Eleganz des 19. Jahrhunderts zum Leben. So auch der mit seinen 16 Ecken fast rund wirkende Glaspavillon, der mit seiner Aluminium-Glas-Konstruktion und der verspielten Kuppel an die Zeit der großen Glashäuser erinnert.

Transparenz in viktorianischem Flair

Ein Pavillon wie dieses Modell „Classica" (erhältlich über www.antiquitaeten-bernstorff.de) verbindet beides: die Vorzüge eines Glashauses mit denen eines ornamentalen Boudoirs und kann folglich auch die unterschiedlichsten Wünsche erfüllen. Als Teehaus verlängert es ab den ersten Sonnenstrahlen bis in den späten Herbst hinein die Möglichkeit, den Garten, wie durch eine Seifenblase, aus nächster Nähe zu erleben. Aber auch im Sommer bewährt er sich als schützendes Refugium gegen Abendkühle, Regen, Wind und Mücken. Im Pavillon gedeihen aber auch, wie in einem Gewächshaus, tropische und subtropische Pflanzen, zwischen denen man sich niederlassen kann. Darüber hinaus kann das Glashaus aber auch als gewerbliche Ausstellungsfläche dienen, indem man mehrere Pavillons zu einem großen Ausstellungsraum verbindet.

Der Pavillon selbst ruht auf vier Punktfundamenten aus Beton, die in frostfreie 80 cm Tiefe eingelassen werden. Seine Basis bildet ein Fundament aus imprägniertem Kiefernholz, das im Beispiel rechts einen schwarz-weißen Plattenbelag erhielt. Auf diesem Fundament ist der Pavillon mit rostfreien Bolzen befestigt. In die Aluprofile wird das Glas mit Kunststoffleisten eingesetzt, wasserdicht versiegelt und mit Alu-leisten verschraubt.

Die Einbindung in den Garten

Seine runde Form mit der markanten Kuppel und die weiße Farbe prädestinieren den Pavillon als Blickfang, da er sich besonders gut vom Grün des Rasens und der Gehölze abhebt. Aufgrund seiner Transparenz kommt aber auch sein Ambiente verstärkt zur Wirkung. So treten der schwarz-weiße Schachbrettbelag, das Blau der Tischdecke und die Holztöne der Möbel deutlich hervor, während die filigranen Eisenmöbel kaum wahrzunehmen sind. Mit den Farben von Bodenbelag, Mobiliar und Textilien kann man also Glasbauten und offene Sitzplätze still in ihr florales Umfeld einbetten, aparte, coole oder peppige Kontraste inszenieren oder aber sie gleich zu einem eindrucksvollen Blickfang gestalten. Da die Aluminiumprofile in 180 RAL-Farben erhältlich sind, können Sie Ihrer Spiel- und Gestaltungsfreude freien Lauf lassen. So verstärkt sich zum Beispiel die Akzentwirkung des Glashauses, wenn die Farben des Mobiliars oder der Textilien die der Alurahmen aufgreifen.

Garten-Design: Claudia Gräfin von Bernstorff, D
Garten: Gräfin von Bernstorff, D
Foto: Ferdinand Graf Luckner

Freizeit-Resorts im städtischen Patio

Wer inmitten von Häusern einen Hinter- oder Innenhof in eine grüne Wellnessoase verwandeln möchte, muss gleich mehrere Widrigkeiten bewältigen. Denn Schatten, trockene Luft und verschlossener Boden erschweren erst einmal das Gärtnern.

Refugien im grünen Schattenparadies

In diesem länglichen Gartenhof beweisen wuchernde Pflanzen, dass das grüne Wunder bereits gelungen ist. Während die Hintergrund-Gehölze an den Gartengrenzen im offenen, vom Pflaster ausgesparten Boden wurzeln, gedeihen die dekorativen Schattenpflanzen davor, wie Hortensie (*Hydrangea*), Funkie (*Hosta*), Farn und die riesenblättrige Gunnera (*Gunnera manicata*), in Kübeln. Dabei erfüllen sie zwei Funktionen: Zum einen flankieren sie die einzelnen Sitzplätze, zum anderen unterteilen sie den länglichen Gartenraum durch seitliches Einrücken in zwei Sitzbereiche. Um die Luftfeuchtigkeit für die anspruchsvolle Gunnera zu erhöhen, platzierte man Terrakotta-Amphoren zu ihren Füßen, in denen Wasser verdunstet.

Sehr deutlich illustriert das Mobiliar in diesem Garten, welch unterschiedliche Wirkung den Materialien zu eigen sind. So zeigen die beiden Teakbänke, die halbrunde Bank vorne, die häufig auch als Banana-Bench bezeichnet wird, und die elegante Nachbildung der 1910 von Edwin Lutyens kreierten Bank, wie markant sich Teakmöbel inmitten von Pflanzen behaupten, während der schwarze, schmiedeeiserne Stuhl und der gusseiserne Tisch rechts sich dezent in die grüne Welt einfügen.

Tipps für grüne Wohnlichkeit in Hinter- und Innenhöfen

- Kaschieren Sie die umgebenden Wände und Mauern mit Kletterpflanzen. Für vorwiegend schattierte Fassaden eignen sich schattenliebende Klettergehölze, wie Efeu (*Hedera helix*), Wilder Wein (*Parthenocissus quinquefolia* var. *engelmannii*), Kletterhortensie (*Hydrangea anomala* ssp. *petiolaris*) oder Geißblatt (*Lonicera*-Arten und -Sorten).
- Wählen Sie dekorative Bodenbeläge, da sie immer im Blickfeld liegen.
- Unterteilen Sie das Areal, damit kein Schachtelgefühl aufkommt, mit Spalieren, Bögen, Pflanzen in Gefäßen, Möbeln und Accessoires.
- Planen Sie einen Sichtschutz ein. Eine Pergola, ein breitkroniger Baum, Sonnensegel oder Sonnenschirme verwehren auch Einblicke von oben.
- Erhöhen Sie die Luftfeuchte durch eine üppige und abwechslungsreiche Bepflanzung. Zur Verbesserung des Kleinklimas tragen vor allem aber auch Wasserbecken, Wasserrinnen und Wasserspiele bei.
- Damit der Patio wohnlich wird, wählen Sie Möbel, die in Stil, Größe, Material und Farbe zum Umfeld passen und bequem sind. Fehlen Aufbewahrungsmöglichkeiten im Winter, sollte das Mobiliar winterfest sein. Edle Gefäße, originelle Leuchten, Rankelemente, Konsolen, Wandregale und verspielter Gartenschmuck machen die Wohnkultur perfekt.

Gartendesign: Walda Pairon, B
Garten: Giardini, B
Foto: Jürgen Becker

Nostalgische Steinbank im romantischen Blumenmeer

Das, was in der Kindheit das geheime Versteck war, in das man sich bei Kummer oder mit einem Lieblingsbuch zurückzog, wo man ungestört und für die Welt unauffindbar blieb, wer hätte davon nicht gerne etwas ins Erwachsenenleben mitgenommen! Im Garten lässt sich ein wenig davon zurückgewinnen – zum Beispiel mit einem Sitzplatz, an dem man ganz für sich zwischen blumigen Schätzen den Alltag in den Hintergrund verweist.

Auge in Auge mit der Natur

Ein Füllhorn frühsommerlicher Blütenpracht ergießt sich rund um diese lauschige Steinbank. Vor allem in frei gestalteten, romantischen Gärten, in denen man stets auf eine enge Verwobenheit von Gartenelementen und reicher Pflanzenfülle achtet, zählen zwischen Blüten eingebettete Refugien zu den stillen Höhepunkten im Garten. In einem solchen Schlaraffenland der Sinne lassen sich nicht nur Blüten, Farben und Düfte aus nächster Nähe genießen, sondern auch Bienen und Schmetterlinge beim Naschen beobachten. Dabei wirken diese Orte der Blumenfreuden umso verwunschener, je vielfältiger und üppiger das Blumenmeer ist und je weniger die ordnende Gärtnerhand spürbar wird. Solche Blütenträume beschert auch der Sitzplatz rechts, dem nicht nur ein rosa Saum aus Fingerhut (*Digitalis purpurea*), Rittersporn (*Delphinium*-Hybriden) und Storchschnabel (*Geranium*) florale Rückendeckung verleiht, sondern der auch in die Blütengesichter von gegenüberliegenden Rosen und Goldfelberich (*Lysimachia punctata*) blicken lässt. Nur ein schmaler Rasenweg geleitet in dieses Idyll, bei dem Blumen und Sitzmöbel sich gegenseitig in ihrer Wirkung verstärken.

Steinguss-Bänke – Blickfang zwischen Blüten

Steinbänke mit und ohne Lehnen, die auf ornamentalen oder Löwenkopf-Trägern ruhen, sind in frostfestem Steinguss oder Betonsteinguss bei vielen Herstellern erhältlich. Ihr historisches Flair trägt ein malerisches Fluidum in den Garten und passt wunderbar in romantische Gärten. Natürlich gibt es aber auch von Künstlerhand behauene Natursteinbänke. Sie liegen preislich jedoch über den gegossenen Imitaten. Beide bringen ein beachtliches Gewicht auf die Waage und sollten, damit sie den Winter auch wirklich unbeschadet und mit sicherem Stand überstehen, unbedingt auf einem 40 bis 60 cm tiefen Punktfundament aus Beton ruhen. Dieses kann leicht unterhalb der Grasnarbe enden, sodass Bodenfeuchtigkeit an den Stützen emporkriechen kann und die Bemoosung fördert.

Tipp: So setzen Steinbänke schnell Moos und Flechten an

Steinbänke gewinnen umso schneller eine Patina, je mehr Feuchtigkeit sie erhalten. Zusätzlich können Sie den Ansatz von Moos und Flechten fördern, indem Sie die Bank mit Buttermilch oder Joghurt bestreichen.

Garten-Design: Charlotte und Jacob Zwaan, NL
Garten: 't Hof Overwellingen, NL
Foto: Jürgen Becker

Schaukeln – beschwingte Gartenfreuden

Wiegen und Schaukeln wecken Glücksgefühle aus pränataler Zeit und beglücken Menschen wohl ein Leben lang. Kein Wunder, dass es auch auf unser Wohlbefinden im Freien harmonisierend einwirkt und uns hilft, die innere Balance wiederzufinden. Schaukeln zählen deshalb zu den beliebtesten Bewegungsspielen von Kindern. Während man ehedem einen hohen, alten Baum mit starken Ästen zum Aufhängen eines Schaukelbretts benötigte, ersannen fantasievolle Designer ein vielfältiges und platzsparendes Repertoire an Wiege- und Schaukelambiente auch für Erwachsene. Ob Hängematte, Hollywood-Schaukel, Wippliege, Frei- oder Schalenschwinger – wer sich einmal diesem Thema widmet, wird erstaunt sein über die fantasievollen Kreationen, die bei findigen Schaukel- und Wippen-Konstruktionen des Rokoko ihren Ausgang nahmen und seitdem in immer neuen Varianten Lust am bewegten Sitzen schenken.

Pergola und Schaukelbank

Was für kleine Gärten immer ein Gewinn ist, wurde im Garten rechts vorbildlich verwirklicht: nämlich Gartenelemente so zu gestalten und einzusetzen, dass ein Element mehrere Funktionen zugleich erfüllt. Innerhalb dieses Gartens grenzt eine ganz besondere Pergola einen eigenen Gartenteil ab und dient zugleich als Träger einer Schaukelbank aus Teakholz. Da ein solcher Zweisitzer bereits ein beträchtliches Eigengewicht besitzt, bieten schlichte Holzpergolen zu wenig Stabilität. In diesem Garten dienen jedoch massive Naturstein-Stelen in tiefen Betonfundamenten als Stützen, während doppelreihige Metallrohre sie als Pfetten (oder Unterzug) miteinander verbinden. Trotz der unterschiedlichen Materialien sind Stein und Rohre durch ihre Grautöne bestens aufeinander abgestimmt. Ebenso originell wie praktisch ist auch die Idee, die Rohre durch Bohrlöcher zu führen. Dies erspart jede Art von zusätzlicher Halterung und hält durch Bohrungen in unterschiedlicher Höhe die Pergola für Gestaltungsvarianten flexibel.

Pflanzen als Fußvolk

Großzügig und luftig wirkt der Gartenteil auch dadurch, dass sich die Pflanzen um die Stein-Stelen gruppieren. Um sie herum sparte man Parzellen im kleinteiligen Plattenbelag aus, um mit vorwiegend flachwurzelnden Stauden wie Iris, Kräutern und Lavendel die kahle Basis der Träger zu umspielen. Aber auch an ihnen selbst dürfen sich Kletterrosen emporschwingen.

Kauftipp für Schaukelbänke

Schaukelbänke (swing seats) aus Teakholz führen z. B. Teak & Garden (www.teakversand.de) oder der englische Hersteller von Teakholz-Möbeln Barlow Tyrie (www.teak.com), der Ihnen gern Händler in Ihrer Nähe nennt.

Garten-Design: Jörg Jessacher, D
Garten: Brost, D
Foto: Nik Barlo jr.

Die originelle Pergola ist ein Wunder an Platzeffizienz. Luftig trennt sie ein eigenes Gartenzimmer ab und nimmt zwischen ihren Stützpfosten noch eine Schaukelbank auf.

Grüne „Grenzfälle" voller Charme

Dieses Gartenbeispiel präsentiert gleich in zwei Varianten, wie man Sitzplätzen mit Pflanzen einen Rahmen der Geborgenheit verleihen kann, der sich zugleich als ungewöhnlicher und attraktiver Schmuck erweist.

Kübelpflanzen mit Blüh-Höhepunkten

Um einen Raum oder Bereich abzustecken und heimelig zu machen, benötigt man keineswegs immer mächtige Wände oder Barrieren. Oft genügen minimale Andeutungen, wie zum Beispiel ein rot-weißes Plastikband, das in der Öffentlichkeit klar einen verbotenen Raum markiert und abgrenzt. Eine solche Signalwirkung kann auch von Kübelpflanzen ausgehen, die sich durch halbkreisartige Anordnung wie ein schützender Kragen um den Sitzplatz legen oder ihm aufgereiht Seitenschutz gewähren. Natürlich handelt es sich dabei eher um eine psychische Barriere als um einen faktischen Sicht- oder Windschutz. Wo dies jedoch nicht vonnöten ist, hat ein solcher Kübelpflanzen-Kordon durchaus seine Vorzüge, denn er bildet einen Rahmen, der veränderbar und flexibel ist und sich deshalb bestens für mobile Sitzplätze anbietet. Im Beispiel rechts formieren sich die Schmucklilien (*Agapanthus praecox* 'Albus') zwar nur von Juli bis August zu einem berückenden, weißen Schmuckband, sie sind aber auch vor und nach der Blüte mit ihren dichten Pulks an riemenförmigen, überhängenden Blättern attraktive Prachtexemplare. Bedenken Sie jedoch, dass Kübelpflanzen stets ein Überwinterungsquartier benötigen.

Buchsformationen in Reih und Glied

Gerade in der Nähe von Gebäuden oder Kleinarchitekturen wie Pavillons sieht zu geometrischen Formen getrimmter Buchs (*Buxus sempervirens*) gut aus. Ob Kugel, Kegel oder wie hier Würfel, in linearer Aufreihung können die formierten Pflanzen aparte Sitzplatzeinfassungen bilden, die rund ums Jahr Farbe und Form bewahren. Soll der Buchs zu solch großen, geschlossenen Würfeln heranwachsen wie im Beispiel rechts, muss beim Pflanzen die spätere Form bereits berücksichtigt werden. Wer mit kleinen Buchspflanzen beginnt, sollte je vier für einen Würfel berechnen und entsprechenden Abstand zwischen den Gruppen halten. Kleine Würfel lassen sich auch aus je einer größeren Pflanze formieren. Wichtig bei der Pflege ist ein regelmäßiger Schnitt. Im Winter muss gerade bei Würfeln aufliegender Schnee regelmäßig entfernt werden, damit die exakten Flächen nicht auseinandergedrückt werden und dadurch dauerhaft ihre Form verlieren.

So formieren Sie Kugeln und Würfel aus Buchs

Für Kugeln einen Kreis im gewünschten Durchmesser in eine Holzplatte schneiden und die Schablone immer wieder an die Kugel halten. Für Würfel einen Rahmen aus Latten bauen und mit weitem Maschendraht bespannen. Den Rahmen über die Pflanze stülpen und Überstehendes abschneiden.

Garten-Design: Dr. Roland Doschka, D
Garten: Dr. Doschka, D
Foto: Ferdinand Graf Luckner

Ruhepole an der Boule-Bahn

Eine Boule-Bahn ist sicher nicht das dekorativste Garten-Element, aber sie würzt die Freizeit mit sportlichem Spaß und erfüllt den Garten mit geselligem Leben. Die Sitzplätze an dieser Boule-Bahn sind mobil und beliebig platziert. Sie haben rein funktionalen Wert und sind für Zuschauer und zum Ausruhen gedacht.

Beobachtungsposten der Spielleidenschaft

Recht originell ist diese Boule-Bahn in den Garten integriert. Man verlegte sie nicht in den eher repräsentativen Ziergarten, sondern in den von Buchenhecken dicht umschlossenen Obst- und Freizeitgarten. Nicht einmal ein Kirschbaum musste dabei dem Bau zum Opfer fallen. Man integrierte ihn einfach in die Bahn. Da nach der anderen Seite gespielt wird, steht der Hochstamm nicht im Weg, sondern spendet den Spielern im Sommer sogar lauschigen Schatten. Und damit ganz nach Belieben zu jeder Tages- und Nachtzeit gespielt werden kann, installierte man zu beiden Seiten der Bahn in regelmäßigen Abständen Pollerleuchten, wie man sie auch gerne zur Sicherheitsbeleuchtung eines Wegs einsetzt. Eine reizende Idee ist die Bank am Start der Bahn, deren breite Auflageflächen ein Absinken im Grasboden verhindern. Sie ist nur ein kleiner farblicher Akzent, dient den Spielern aber auch zum Ausruhen sowie als Ablage. Auch Möbel mit quer verstrebten Beinen, wie die edle Sitzgruppe „C'1" von CAMPO'BEL aus Rubinienholz und Edelstahl (www.campobel.de) verwöhnen mit stilvollem Komfort, ohne im Gras einzusinken.

Tipps zum Bau einer Boule-Bahn

- Je nachdem, wie viel Platz zur Verfügung steht und nach welchen Regeln Sie spielen möchten, beträgt die Fläche für pétanque 3 x 12 m, für jeu provencal 4 x 24 m, für boule meistens 3 x 17 m.
- Berechnen Sie die Fläche etwas größer als angegeben, da sie ja noch eine solide Einfassung benötigt, wie in Beton eingelassene Kantensteine oder auf der 1. Schicht gelagerte Telegrafenmasten oder Bahnschwellen.
- Koffern Sie die Fläche der gesamten Bahn 40 cm tief aus. Dann werden darauf folgende Schichten ausgebracht:
- 1. Schicht: 20 cm grober Schotter; gut abrütteln und darauf achten, dass die Oberfläche waagerecht ist. Dann darüber ein Vlies ziehen, das verhindert, dass feines Material der oberen Schichten durchrieselt.
- 2. Schicht: 10 cm feiner Splitt; diesen über das Vlies ausbreiten, ebenfalls abrütteln und zur Verdichtung gut wässern.
- 3. Schicht: ca. 5 cm Mineralbetonsand oder weißgelblicher Dolomitsand (Körnung 0–12 mm); die Schicht gut walzen und wässern.
- Auflage: dünn sehr feinen Splitt oder Filterkies ausbringen.
- Die Bahn noch 14 Tage lang täglich wässern und plätten, damit sich die Schichten gut miteinander verbinden. Erst danach bespielen.

Garten-Design: Daniel de Love, B

Garten: de Love, B

Foto: Ferdinand Graaf Luckner

Treffpunkt geselliger Landlust

Je mehr Platz zur Verfügung steht und je ungezwungener Gärten angelegt sind, desto schönere Möglichkeiten lassen sich für mobile Sitzplätze entdecken. Gerade das Leben auf dem Lande hält hierfür oft neben dem großzügigen Platzangebot auch Locations mit den unterschiedlichsten Erlebnisgehalten bereit. Mobile Sitzplätze verzichten auf eine befestigte Basis und sind häufig Orte spontaner Gartenlust. Mit ihnen können Sie Ihrem Bedürfnis nach Zurückgezogenheit oder Geselligkeit ebenso folgen wie den Attraktionen der Jahres- oder Tageszeiten.

Ländlicher Feierabend-Sitzplatz

Nirgendwo lassen sich laue Sommerabende idyllischer genießen als auf einem nach Westen ausgerichteten Feierabendplatz. Während die tiefstehende Sonne weite Teile des Gartens schon nicht mehr erreicht und in lange Schatten hüllt, kann man im goldenen Licht eines Abendsitzplatzes die letzte Wärme des Tages und den intensiven Zauber der Farben genießen. Schlichte, funktionale Klappstühle wurden hier auf der Obstbaumwiese vor dem Haus um einen runden Tisch versammelt und warten auf das Eintreffen von Familie oder Freunden. Die von der Ziege beweidete Wiese ist kein getrimmter Rasen und darf nach Belieben auch von mehreren Personen betreten werden. Vom Frühjahr bis in den Herbst wird diese Sitzgruppe mit dem Gang der Sonne und der Tageszeit um den alten Apfelbaum herumwandern, je nachdem, ob einem der Sinn nach Schatten oder Sonne steht. Der alte Apfelbaum ist aber nicht nur ein luftiger Schattenspender, er erdet die zierlichen Möbel auch als optischer Akzent und bietet sich an, am weit ausgreifenden Ast eine Laterne für die Stunden nach Sonnenuntergang zu befestigen.

Auge in Auge mit der Natur

Durch ihre Lage inmitten der Wiese ermöglicht die Sitzgruppe einen wunderbaren Rundblick auf die Panoramen des Gartens und ihren Wandel in den Jahreszeiten. So erstrahlt im Juni/Juli die Hecke des Blumengärtchens am Haus in duftender Blüte. Hier beweist die buschige Apothekerrose (*Rosa gallica* 'Officinalis') ihr Talent als ideale Heckenrose und bildet nach der Blüte kleine, ovale Hagebutten aus.

Die Jahreszeiten lassen sich an diesem runden Tisch aber nicht nur aus der Ferne, sondern auch aus allernächster Nähe erleben. Zum Beispiel im Mai, wenn der alte Apfelbaum seine muschelrosa Blüten aufsetzt und zum kleinen Schlaraffenland für Bienen wird – oder im Juli, wenn die starkwüchsige Ramblerrose 'Kew Rambler', die an seinem Stamm emporklettert und sich breit in der Krone verteilt, ihre rosafarbenen Blütchen mit den weißen Augen öffnet. Zu nah sollte man an diese Rose allerdings keinen Sitzplatz heranrücken, da ihre Triebe stark bestachelt sind. Im Herbst wachsen einem an diesem „Landsitz“ die Äpfel nahezu in den Mund, begleitet von den fröhlichen, orangeroten Hagebutten der Ramblerrose.

Garten-Design: Riet Brinkhof, NL

Garten: De Brinkhof, NL

Foto: Jürgen Becker

Die Pergola – ein Gartenzimmer von südlicher Lebensart

Pergolen sind extravagante Höhenelemente, die sich je nach Breite als Laubengang richtungsweisend durch den Garten ziehen oder ihm als grünes Zimmer Räumlichkeit verleihen. Schon um 1400 vor Christus zeigen Wandmalereien erste Anlagen dieser Art. Und natürlich entstammen sie den Hochkulturen der Antike, südlichen Regionen also, in denen das Bedürfnis nach Schatten und Lebensgenuss schon historisch früh mit Stil zelebriert wurde.

Luftiges Miteinander von Architektur und Natur

Auch heute noch lassen Pergolen Urlaubsstimmung und mediterranes Lebensgefühl aufkommen, ganz egal, ob sie sich ans Haus anlehnen und Terrassen überdachen oder ob sie, wie in diesem Beispiel, frei stehend einen Raum im Garten umreißen, der einer Sitzgruppe großzügig Platz spendet. Mit ihren Pfeilern aus Naturstein verdeutlicht die Pergola auch sehr eindrucksvoll, dass ihre senkrechten Stützen, seien es Pfeiler, Pfosten, Säulen oder Ständer, stets stärker ins Auge fallen als die aufliegenden Träger (Pfetten) und die darauf ruhenden Auflagehölzer (Reiter, Sparren), die fast immer von Pflanzen überwuchert werden. In diesem Fall bestehen Träger und Auflagehölzer aus Rundhölzern, die in ihrer Massivität gut mit den vertikalen Stelen harmonieren. Schattig, luftig und bukolisch sitzt es sich unter einer Pergola, wenn Weinreben sie beranken. Dabei unterstreichen die blau-weißen Textilien das Gefühl von Freizeit durch Assoziationen an Licht und Meer.

Garten-Design: Monika Geißler, D

Garten: Geißler, D

Foto: Nik Barlo jr.

Garten-Tempietto mit Pagodendach

Gartenelemente fungieren bei der Gestaltung des Gartens als Gegenwelt zu den Pflanzen und doch sind beide gegenseitig aufeinander angewiesen. Was wäre dieser zierliche Pavillon ohne die umgebende Flora? Und wie langweilig wäre dieses Refugium ohne sein bauliches Highlight, das es gestattet, den Garten und seine Stimmungslage rundum auch bei Nebel und Regen geschützt zu genießen.

Ein Hauch von Nostalgie und erlesenes Ambiente

Selbst moderne Pavillons wie diesen umgibt das Flair nostalgischer Besonderheit. Dies geht zurück auf eine fast viertausendjährige Tradition dieser Zierbauten, sei es für den Kult der Teezeremonie in Japan, sei es als Ort der Muße in der Antike oder als Manifestation herrschaftlicher Macht wie in der Renaissance. Unter dem Einfluss des Rokoko aber schlugen die Pavillons in den Landschaftsgärten des 18. Jahrhunderts die skurrilsten Blüten, fanden doch alle Romantizismen und Neuerfahrungen der Zeit Eingang in ihre Ausführung. Wohl auch aus dem Bedürfnis nach Naturerfahrung von einem wettergeschützten Domizil aus entstanden so nachempfundene antike, gotische, palladianische und maurische Tempel, Pagoden im Chinoiserie-Stil ebenso wie türkische Zelte, strohgedeckte Eremitagen oder mit Muscheln ausgeschlagene Grotten. Bis heute hat sich diese Lust am historischen Lifestyle gehalten, sodass man bei Pavillons immer noch moderne Materialien wie Teakholz oder Stahl in noble Vorlagen, wie zum Beispiel den Jugendstil, überführt.

So unterscheiden sich Pavillon und Laube

- Pavillons besitzen ein geschlossenes, besonders dekoratives Dach.
- Ihr Grundriss ist oft sechs- bis achteckig, während Lauben schlichter konzipiert und meist rund oder rechteckig geschnitten sind.
- Pavillons haben geselligen Charakter und ermöglichen vier oder mehr Personen stilvolle, komfortable und geschützte Wohnkultur im Garten. Lauben hingegen sind Orte verschwiegenen Rückzugs oder Treffpunkt für ein zärtliches Stelldichein inmitten der Natur. Sie bieten meist nur Platz für eine Bank ohne weiteres Ambiente.
- Pavillons bereichern Gärten immer mit ihrer kunstvollen, detailverliebten Kleinarchitektur, die, damit sie ein Schmuckelement bleiben, großenteils nicht von Pflanzen verdeckt wird. Bei Lauben dienen die baulichen Elemente hingegen vorwiegend als Rank- und Stützhilfen, die möglichst dicht von den Kletterpflanzen überwuchert werden sollten.
- Pavillons sind immer repräsentative Elemente mit der Funktion eines Blickfangs. Häufig findet man deshalb Pavillons im Zentrum eines formalen Gartens oder wie im Garten rechts als Überbauung eines zentralen Wegs. Auch Lauben können als Akzent gestaltet werden, oft verschmelzen sie jedoch mit der Gartenwelt.

Garten-Design: Avantgarden, B
Garten: Avantgarden, B
Foto: Jürgen Becker

Wandelgang mit Bankgeheimnis

Die Bank am Ende eines Laubengangs zählt zum klassischen Repertoire größerer formaler Gärten. Nur wenige Gartenelemente rücken einen Sitzplatz derart zwingend ins Fadenkreuz der Aufmerksamkeit. Folglich sollte die Bank auch optisch ihrer repräsentativen Funktion gerecht werden: Weiße Bänke, originelle bunte Künstlerbänke oder ornamentale Steinbänke erweisen sich dabei als würdiger Blickfang. Wenig geeignet sind hingegen Sitzgruppen, da sie keinen linearen Abschluss bilden. Bei der Anlage einer solch aufwändigen Inszenierung ist es ferner wichtig, dass Höhe, Länge und Breite des Laubengangs proportional in einem ausgewogenen Verhältnis zur Größe des Gartens und der Bank stehen. Und gestalten Sie auch den „Rück"-Blick von der Bank aus. Er sollte am Ende des grünen Korridors ebenfalls mit einem faszinierenden Highlight verwöhnt werden.

Zur Funktion und Konstruktion von Laubengängen

Laubengänge sind geheimnisvolle, überdachte Zwischenwelten für größere Gärten, die mit ihrem Tunnelcharakter einen eigenen Raum bilden. Darüber hinaus sollten sie auch harmonisch in den Garten integriert werden. Dabei erfüllen sie zwei wichtige Funktionen: Durch ihren Anfang und ihr Ende verbinden sie zwei Gartenbereiche oder -teile. Zugleich trennen sie als lineares Höhenelement die rechts und links angrenzenden Gartenteile voneinander ab. Bedenken Sie ferner, dass jeder Laubengang nicht nur innen, sondern auch von außen her zu gestalten ist.

Von der gewünschten Optik, von der Gartengröße und vom Wuchsverhalten und Gewicht der verwendeten Pflanzen sollten Sie die Auswahl der Materialien abhängig machen. Ein dominanter Laubengang in Gärten verträgt unterschiedliche Materialien und mächtige Konstruktionen, wie gemauerte Pfosten oder Gittersäulen mit aufliegenden Rundholzbalken. In kleineren Gärten, in denen den Pflanzen der Vortritt gelassen werden soll, empfehlen sich zierlichere Holz- oder Metallgerüste. Im Beispiel rechts wählte man kunststoffbeschichtete Metallrohre, die es auch in fertigen Metallbausätzen gibt. Querverbindungen auf verschiedenen Höhen garantieren zusätzlichen Halt und ermöglichen eine durchgehende Begrünung, die einen gleichmäßig begrünten und schattierten Tunnel hervorbringt. Durch eine unterbrochene Aufreihung einzelner Rosenbögen oder Pergola-Elementen können Sie hingegen mehr Licht eindringen lassen oder gar rhythmische Lichtspiele inszenieren.

Bepflanzungsmöglichkeiten

Neben Klettergehölzen wie Kletter- oder Ramblerrosen, Clematis, Glyzinie (*Wisteria*), Geißblatt (*Lonicera*) und Weinrebe (*Vitis*) lassen sich auch nicht rankende Gehölze an Laubenbögen ziehen. Besonders beliebt ist der weichtriebige Goldregen (*Laburnum,* rechts), aber auch Buchen oder Obstgehölze eignen sich dafür. Je breiter der Laubengang ist, desto eher findet sich in seinem Inneren noch Platz für eine dekorative Unterpflanzung, z. B. mit Frühlingsblühern oder Schattenstauden.

Garten: Badminton House, Gloucestershire, GB

Foto: Gary Rogers

Einladung ins Serail

Garten- und Partyzelte schützen nicht nur vor Sonne, Wind und Regen, sie haben wie die Zelte der Nomaden auch die geschätzte Eigenschaft der Flexibilität und begleiten ihre Besitzer praktisch bis ans Ende der Welt – so gewünscht.

Verschiedene Größen – verschiedene Anlässe

Garten- und Partyzelte gibt es für unterschiedliche Gästezahlen in verschiedenen Größen und Formaten in den meisten Bau- und Heimwerkermärkten. Sie können aber auch ausgeliehen werden. Viele dieser Partyzelte bestehen aus Metallrohren mit Standfüßen, einer wasserdichten Dachbespannung und Volants und besitzen als Schutz gegen Wind, Regen und Kälte hässliche Kunststoffseitenteile mit aufgemalten Fenstern. Beim abgebildeten Pavillon rechts handelt es sich um ein anderes, besonders praktisches Modell. Der Pavillon ist faltbar und besitzt ein leichtes Aluminiumgestänge, das sich im Nu aufbauen lässt, sowie eine Wasser abweisende Bespannung. Seitenteile fehlen bei den meisten Modellen, lassen sich aber durch leichte Gazebahnen, wie im Beispiel rechts, ersetzen, die ein ungleich edleres und romantischeres Flair verbreiten als die bierzeltähnlichen Plastikseitenteile.

Basis und sicherer Stand

All diese Zelte können auf einen befestigten Untergrund (wie Teer- oder Pflasterflächen), aber auch in den Rasen gestellt werden. Wird das Zelt allerdings in den Rasen platziert, kann dieser bei großer Beanspruchung sehr in Mitleidenschaft gezogen werden. Für einen sicheren Stand sorgen spezielle Pavillon-Füße aus Kunststoff, die sich meist variabel an die unterschiedlich dicken Standrohre anpassen lassen. Die Füße sind in der Regel zweiteilig, werden um das Standrohr gesetzt und verschraubt und anschließend mit Wasser oder Sand befüllt.

Tipp: Rasenerneuerung nach Festen

- Nach größeren Festen, bei denen der Rasen stark gelitten hat, sind Mai/Juni oder August/September der beste Zeitraum für eine Rasenkur.
- Mähen Sie den Rasen kurz.
- Mit einem Motorvertikutierer die betroffene Fläche in Längs- und Querrichtung bearbeiten und die Vertikutierreste gründlich abrechen.
- Rasendünger gleichmäßig mit dem Streuwagen ausbringen und gut wässern.
- Nach einer Woche Rasensamen mit dem Streuwagen gleichmäßig verteilen, darüber Kompost mit der Schaufel breitwürfig ausbringen.
- Die Aussaat nicht austrocknen lassen. Bei Trockenheit die Fläche zweimal täglich etwa fünf Minuten beregnen.
- Nach sechs Wochen hat sich ein gleichmäßig grüner Flor gebildet.

Foto: Ferdinand Graf Luckner

Sitzkultur im ornamentalen Rosenreigen

Ein grandioses Gartenelement ist dieser kunstvolle Rosensitzplatz im Rosengarten von Mottisfont Abbey, der trotz seiner Zweiteilung die Geschlossenheit eines floralen Pavillons besitzt. Das beherrschende Element, das die Rundbank im Zentrum mit den umlaufenden Kolonadenbögen verbindet, sind die über und über blühenden Rosen. Die aufsehenerregende Kleinarchitektur passt jedoch nicht in jeden Garten. Eingequetscht in eine Ecke verliert sie jeglichen Charme. Ein solches Rosen-Kleinod ist zum Bewundern da und muss im Zentrum eines möglichst formalen Gartens oder Gartenteils liegen. Dieser darf auch nicht zu klein sein, damit die Proportionen zwischen Rosenlaube und Gartenfläche stimmen. Bedenken Sie auch, dass sich von der rosenumflorten Bank aus der Garten in rundum schönen Ansichten genießen lassen soll. Kompostanlagen, Carports und Ähnliches dürfen nicht durch die Rosengirlanden anvisiert und eingerahmt werden.

Die Rondellbank

Wer hier sitzt, glaubt sich in einem wahren Rosenhimmel, denn Rosen prangen und duften rücklings im gemauerten Hochbeet ebenso wie an den Pfosten rechts und links und an den eleganten Bogenelementen. Die Bank selbst lehnt sich ans Vorbild der Baumbänke an. Doch während diese meist aus Holz gefertigt sind, den Stamm eines malerischen Solitärbaums umgürten und sich dabei oft in strahlendem Weiß als Akzent behaupten, ist diese achtteilige Rondellbank bewusst grazil gehalten, um den Rosen den Vortritt zu lassen. Das Design der aus zierlichen Metallprofilen geschmiedeten Einzelbänke orientiert sich am Vorbild des Regency-Stils. Ähnliche Einzelbänke sind auch in Weiß und Blau in vielen berühmten Englischen Gärten und Parks zu finden, so zum Beispiel in Hidcote Manor. In Mottisfont Abbey rahmen sie ein gemauertes, rundes Hochbeet ein, in dem die kirschrosa Remontant-Hybride 'Dupuy Jamain' ihren betörenden Duft verströmt.

Die Rosen-Kolonaden

Einen einzigartig graziösen und beschwingten Reigen tanzen Rosen rund um die Bank. Abwechselnd wurden an achteckige Holzpfosten die Ramblerrosen 'Débutante' (hellrosa) und 'Bleu Magenta' gepflanzt, die sich wie Girlanden auch um die dazwischen liegenden eisernen Bogenelemente schlingen, die jeweils 40 cm unterhalb der Pfostenspitze entspringen. Die vertikalen Pfosten werden in einem soliden Punktfundament stabilisiert, sollten möglichst dekorativ gestaltet sein und aus optischen Gründen einen Abstand von 2,5 m nicht überschreiten. Die Bogenelemente benötigen, wenn man hindurchgehen möchte, eine Mindesthöhe von 2,5 m. Verlegt man sie tiefer, gewinnen sie die Funktion einer Abgrenzung und können die Rosen in Augenhöhe präsentieren.

Garten: Mottisfont, GB
Foto: Jürgen Becker

Schlaraffenland der Lebenslust

Die originelle Variante einer Hollywood-Schaukel lädt hier zum süßen Nichtstun zwischen Himmel und Erde ein und lässt die Sehnsucht nach exotischen Abenteuern auf Barbados oder Hawaii schlichtweg wegträumen.

Schiffschaukel in karibischem Stil

Ob Marke Eigenbau oder ein auf Vordermann gebrachtes, recyceltes Boot – diese Schaukel wird sicher nicht nur zum Lieblingsplatz der Kinder. Ist das Boot lang genug, lädt es sowohl zum vergnüglichen Sitzschaukeln, wie auch zum sanften Wiegen im Liegen ein.

In diesem Garten, der die farbenfrohe Lebenslust der Karibik in satten Volltönen wiederspiegelt, passt natürlich auch die plakative Farbgebung des Boots. In einem farblich dezenteren Umfeld würde das orange-pinkfarbene Streifenmuster der Kissen mitsamt dem blauen und türkisen Rahmen das Gartenkonzept vermutlich erschlagen. Eingebettet werden solch extravagante Gartenelemente stets durch Farbbezüge. So findet sich in diesem Beispiel rechts das Blau des Kissens wieder auf der Sichtschutzwand, während der Pinkton des Streifendessins von Rhododendron- und Bougainvillea-Blüten aufgegriffen wird. In einem Garten mit feineren oder zarteren Farben lassen sich die Farbabstimmungen zwischen Schaukel, Textilien, Pflanzen und anderen Elementen jedoch genauso inszenieren.

Solide Fixierung und Sicherheitsaspekte

Die tragenden Pfosten sollten unbedingt tief im Boden in einem soliden Fundament Halt finden. Nutzen vorwiegend kleinere Kinder die Schaukel, so wäre zu überlegen, ob man nicht den Bootskörper auch vorne verschließt, damit die Kleinen nicht herauspurzeln können. Empfehlenswert wäre es auch, bei Kindern die Schaukel aus Sicherheitsgründen rundum in weichem Gras zu platzieren, um Verletzungen beim Heraussteigen oder -fallen möglichst zu vermeiden.

Weitere Sicherheitstipps für Gärten mit kleinen Kindern

- Verbannen Sie Giftpflanzen aus dem Garten, solange die Kinder noch so klein sind, dass sie die Gefahren nicht erkennen oder verstehen können.
- Zäunen Sie Teiche, Becken und andere Wasserstellen, auch wenn sie seicht sind, für Kleinkinder ein. Sogar die vom Fachhandel angebotenen Teichschutzgitter erweisen sich immer wieder als nicht ausreichend, da Kleinkinder bereits bei einer Wasserhöhe von nur 10 cm unter Umständen ertrinken können.
- Bringen Sie Dünge- und Pflanzenschutzmittel, aber auch gefährliche Werkzeuge und Maschinen wie Scheren, Sägen, Rasenmäher, Motorhäcksler usw. aus der Reichweite von Kleinkindern.

Garten-Design: John Murdoch, John Wickham, GB
Garten: Chelsea Flower Show 2003, GB
Foto: Gary Rogers

Musentempel und Lauben-Nostalgie

Gartencenter und Baumärkte beantworten den Boom nach Lauben und Pavillons mit Modellen wie diesem aus Rund- und Bandeisenelementen, die als Selbstbausatz auch von Laien errichtet werden können.

Luftgebilde der Fantasie

Auch wenn diese charmanten Gartenrefugien meist als „Pavillons" angeboten werden, handelt es sich doch um Lauben, in denen man ungeschützt vor jeder Witterung sitzt. Ob nach historischen Vorbildern aus Schmiedeeisen, Gusseisen, Stahl, beschichtetem Stahlrohr oder in designstrenger Moderne aus Aluminium oder rostendem Cortenstahl gefertigt, alle Metalllauben kennzeichnet eine luftige Bauweise, mit der sie naturverwobenen Zauber in den Garten tragen und zum Begrünen herausfordern. Fast schemenhaft wie eine Fata Morgana erhebt sich auch die Laube rechts aus der Welt des Gartens, ein Eindruck, den die Sitzgruppe mit ihren transparenten Metallmöbeln (ähnlich dem Modell „Elegance" von Royal Garden/Kettler/MWH Metallwerk Helmstadt, www.mwh-gartenmoebel.de) noch unterstreicht. Lauben sind Bauten für die Vorstellungskraft und passen aufgrund ihrer Transparenz auch in kleine Gärten. Wie stark sie sich optisch hervortun, hängt von ihrer Farbe ab. Während Schwarz, Dunkelbraun und Grün sie dezent zurücktreten lassen, verleiht ihnen Weiß, Blau, Rot oder Rost eine gewisse Vorrangstellung. Letztendlich wird ihre Form jedoch von den Pflanzen vollendet, die sie beranken.

Klettergehölze zum Begrünen von Lauben

- Pfeifenwinde (*Aristolochia macrophylla*), Standort: Sonne bis Schatten. Blüte unscheinbar, dekoratives Laub. Höhe: 6–10 m. Giftig!
- Clematis (*Clematis*-Sorten und -Hybriden), Standort: Sonne bis Halbschatten. Blüten weiß, rosa, rot, blau, lila, gelb, VI–X. Höhe: 3–6 m.
- Schlingknöterich (*Fallopia baldschuanica*), Standort: Sonne bis Schatten. Blüten weiß, duftend, VIII-X. Höhe: 8–15 m.
- Efeu (*Hedera helix,* viele Sorten), Standort: Halbschatten bis Schatten. Blüten erst im Alter. Benötigt keine Rankhilfe. Höhe: 5–20 m. Giftig!
- Geißblatt (*Lonicera*-Arten und -Sorten), Standort: Sonne bis Schatten. Blüten weiß, gelb, orange, rot, duftend, VI–VIII. Höhe: 3–5 m. Giftig!
- Jungfernrebe (*Parthenocissus quinquefolia*), Standort: Sonne bis Halbschatten. Blüten unscheinbar. Herbstfärbung. Höhe: 8–12 m.
- Rambler- und Kletterrosen (*Rosa,* viele Sorten), Standort: Sonne bis Halbschatten. Blüten weiß, gelb, rosa, rot, duftend, VI–X. Höhe: 2–6 m.
- Rostrote Rebe (*Vitis coignetiae*), Standort: Sonne bis Halbschatten. Blüten unscheinbar. Dekoratives Laub, rostrote Herbstfärbung. Höhe: 6–10 m.
- Glyzinie, Blauregen (*Wisteria*-Arten und -Hybriden), Standort: Sonne bis Halbschatten. Blüten violett, weiß, duftend, IV–V. Höhe 6–10 m. Giftig!

Garten: Privatgarten, D

Foto: Ferdinand Graf Luckner

Blaue Lodge im Pflanzenparadies

Wer diese weitläufige Gartenwelt mit ihrer unglaublichen Vielfalt betritt, wähnt sich in einem mediterranen Pflanzenparadies auf den Kanaren oder auf Madeira. Tatsächlich hat man jedoch die norddeutsche Tiefebene nicht verlassen und lediglich den Schritt durch eine Gartenpforte in das Reich eines passionierten Pflanzenliebhabers getan.

Panoptikum im Grünen

In diesem Garten feiert sich das Leben selbst, ist alles Werden und Wachsen, Ranken und Reifen, Liebe und Laissez-faire. Was nicht im Beet gedeiht, wird in Töpfen, Kübeln und Kästen gehätschelt und darf sich nach Herzenslust selbst verwirklichen. Hier gibt es keine streng reglementierte Pflanzenarchitektur, weder entpersönlichte Schnittgehölze, noch schnurgerade Wege prägen dieses Pflanzenreich. Es scheint vielmehr, als habe der Garten von sich aus zu seiner Form gefunden, indem er Bedingungen stellte und diese erfüllt bekam. Dies stimmt natürlich nicht. Durch Anböschungen und Höhenelemente wie die Pergola, an der eine Glyzinie (*Wisteria sinensis*) ihrem stürmischen Wuchsbedürfnis frönt, verlieh ihr Besitzer dem Garten lauschige Räumlichkeit, während unregelmäßig verlaufende Kieswege mit Ausbuchtungen für Sitzplätze sich an das organische Wuchsverhalten der Pflanzen anpassen und in ihren Ecken und Nischen immer noch ein paar neue Pflanzenkinder in Gefäßen aufnehmen können.

Ein Sitzplatz im Kuriositäten-Kabinett

Großwildjäger relaxen im behäbigen Ledersessel mit stolzem Blick auf ihre Jagdtrophäen. Der Pflanzenliebhaber gehört nicht in die Welt der Jäger, sondern ist ein Sammler. Nicht die Statik des Todes fasziniert ihn, sondern die Ästhetik lebendiger Pflanzen, die er entdecken, besitzen und beobachten möchte. Kein Wunder, dass man in diesem Sammlerparadies luftig leichte Korbmöbel bevorzugt, die sich mit einem Griff in die Nähe beliebiger Pflanzen oder ganz nach Wunsch in die Sonne oder den Schatten rücken lassen. Dieser Sitzplatz inmitten der Pflanzenwelt ist besonders idyllisch, da er im Mai ganz in den betörend süßen Duft der Glyzinie gehüllt ist, während er im Sommer exotische Kübelpflanzen, wie Zierbanane (*Ensete ventricosum,* hinter dem Stuhl, links), Fuchsie (*Fuchsia*-Hybriden), Myrte (*Myrtus communis*), Duft-Pelargonien (alle rechts) und bizarre, blaugrüne Sukkulenten (vorne) aus nächster Nähe genießen lässt. Selbst dem Wind wurde durch ein Windspiel, das von der Pergola herabhängt, eine Stimme verliehen.

Die blauen Korbmöbel sind nicht für einen Dauerregen prädestiniert und sollten bei anhaltender Nässe und Feuchtigkeit unter ein trockenes Dach kommen. Ein kurzer Regenschauer, nach dem sie anschließend gründlich abtrocknen können, schadet ihnen jedoch in der Regel nicht. Wer die Wahl hat, sollte stattdessen Flechtmöbel aus witterungsbeständiger Kunstfaser wählen, die jedem Wetter standhalten.

Garten-Design: Horst und Hilde Stünkel, D

Garten: Stünkel, D

Foto: Nik Barlo jr.

Blaues Mobiliar fügt sich immer erstaunlich gut in ein grünes Umfeld ein und verleiht ihm einen erfrischenden Akzent.

Treffpunkt unterm grünen Blätterdach

Mitten im Garten wurde dieser pittoreske Sitzplatz angesiedelt, dessen Schlichtheit in Form, Materialien und Ausführung einen aparten, ruhigen Kontrast zur feinsinnig gestalteten, gelben Staudenrabatte bildet. Während viele Sitzplätze durch die Raffinesse ihres Mobiliars oder ihrer Ausgestaltung bestechen, fesselt dieses malerische Ensemble der Geselligkeit den Blick durch seine Lage, die Klarheit seiner Formen und vor allem durch die Originalität der Gestaltung.

Ein Laubbaum als Herzstück

Selbst in kleinsten Gärten ist Platz für einen geselligen Treffpunkt, wenn man wie hier zwei Wünsche in einem Gartenelement verwirklicht. Da ist zum einen der Wunsch nach einem dekorativen Laubbaum, der mit Blütenpracht, Früchten und Herbstfärbung den Wandel der Jahreszeiten erleben lässt. Den zweiten Wunsch nach einem zwanglosen, fest installierten Sitzplatz für 8 bis 10 Personen erfüllten sich diese Gartenbesitzer, indem sie ein breitkroniges Solitärgehölz einfach in eine wetterfeste Sitzgruppe integrierten. Wichtig ist bei einer Kombination von Solitärgehölz und Sitzplatz jedoch die Wahl des richtigen Baums und des Materials für das Mobiliar. Wählen Sie unbedingt einen Hochstamm mit dichtem Laub, ausladender Krone und einen Baum, dessen Wurzeln unempfindlich gegen Beanspruchung und Bodenverdichtung sind, zum Beispiel breitwüchsige Sorten von Apfel oder Zierapfel (*Malus*-Sorten) oder von Kirsche oder Zierkirsche (*Prunus*-Sorten).

Überlegungen zum Bau des Sitzplatzes

Möchten Sie eine Gartentafel nachträglich um einen alten Baum errichten, werden bei einer Lösung mit gemauerten Sockeln seine Wurzeln durch die nötigen Punktfundamente für Tisch und Bänke an vielen Stellen verletzt, sodass er Schaden nehmen kann. Weniger belastend für den Baum ist es, nur den Tisch auf gemauerten Fundamenten zu fixieren und ihn mit mobilen Bänken zu kombinieren – oder als Beine für Tisch und Bänke einzelne Holzpfosten in den Boden einzutreiben.

Als weniger belastend für den Baum erweist sich die gemauerte Variante, wenn Sie Baum und Sitzplatz gleichzeitig installieren. Dazu hebt man zuerst das Fundament für Bänke und Tisch aus und mauert darauf deren Unterbau. Nun wird der Bauschutt entfernt und der Baum in frische Erde gepflanzt. Im dritten Schritt montieren Sie dann die Hartholzbretter von Tisch und Bänken, die zugleich das Loch für den Stamm erhalten. Damit sich der junge Baum gut entwickeln kann, sollten Sie den Sitzplatz in den ersten Jahren möglichst schonend nutzen, um den Wurzelbereich nicht allzu sehr zu verdichten.

Garten-Design: De Hagenhof, NL
Garten: De Hagenhof, NL
Foto: Jürgen Becker

Sitzplätze am Wasser

Installieren Sie keine Wasseranlage im Garten ohne einen Sitzplatz, von dem aus das Wasser zu genießen ist. Das folgende Kapitel stellt reizvolle Möglichkeiten dieser Kombinationen vor. So kann Wasser in Teich oder Becken bis an die Terrasse herangezogen werden, sie in einer Rinne umlaufen oder sich auf der Terrasse aus einem Wandbrunnen oder als Schwall aus der Mauer ergießen. Wer den Terrassenrand geschickt nutzt, kann für Quellsteine, Wasserstelen, wasserspeiende Statuen, Kies- oder Sumpfbeet auch angrenzende Flächen aus dem Garten einbeziehen. Im Garten selbst können Sitzplätze den Uferrand bezaubernd gestalten oder auf Decks, Plattformen und Stegen die schöne Illusion erwecken, dass man sich mitten über dem Wasser befinde. Die schönsten Gartenbilder ergeben sich, wenn Wasseranlage und Sitzplatz räumlich und stilistisch aufeinander bezogen sind.

Besonders schwierig ist die Einbindung von Swimmingpools in den Garten, da ihre geometrischen, großen Flächen und die Beckenfarben oft wenig in ein organisches Umfeld passen. Dafür fügen sich die Becken meist gut in ein modernes Ambiente und die architektonische Nähe des Hauses ein. Der Pool rechts ist auf drei Seiten vom Garten umgeben und durch den Holzton seiner Einfassung gut mit ihm vernetzt. Zudem lenkt das längs verlaufende Becken den Blick auf das dahinter liegende natürliche Gewässer, dessen Farbe das Becken aufzugreifen versucht.

Garten-Design: Wolfgang Oehme und James van Sweden, USA

Foto: Gary Rogers

Sonnenbaden am Schwimmteich

An heißen Sommertagen von der Terrasse aus mit einem Sprung ins erfrischende Nass einzutauchen, zählt wohl nicht nur bei Kindern zu einer der höchsten Gartenwonnen. Hier wurde ein solcher Gartentraum verwirklicht, indem man einen Schwimmteich bis an die Terrasse am Haus heranzog.

Kombination von Schwimmteich und Terrasse

Diese Terrasse wurde in L-Form konzipiert. Dabei erstreckt sie sich mit einem rechteckigen Holzdeck als Liegefläche in den Schwimmteich hinaus. Geradlinig führt sie damit vom Haus weg und wendet sich dem mit einer Unterwassermauer abgetrennten, dicht begrünten Regenerationsbereich zu, der nahtlos in ein imposantes Kies-Gräserbeet übergeht. So kann vom Ruheplatz aus das Auge auf Wasserspiegelungen und grazilen Gräsern ruhen. Im rechten Winkel dazu verschmälert sich die Terrasse auf Stegbreite und läuft am Haus entlang. In diesem Bereich befindet sich die tiefe Schwimmzone des Teiches, die mit einem Steilufer an der Terrasse ausläuft und von dort über eine Treppe zugänglich ist.

Sommerfrohe Terrassengestaltung

Die Terrasse öffnet sich nach vorne und nach einer Seite zum Wasser hin. Nach hinten sorgen Tonkübel für Rückendeckung, deren Farbe perfekt mit dem Orange der Liegepolster und des Sonnensegels korrespondiert. In ihnen gedeiht Bunter Wasserschwaden (*Glyceria maxima* 'Variegata'), der wegen seines Ausbreitungsdrangs in Töpfen am besten aufgehoben ist. In einen Wohlfühlraum verwandelt jedoch erst das riesige Sonnensegel die Liegefläche, das zwischen der Hauswand und zwei galgenähnlichen Masten am Ende des Decks aufgespannt wurde. Die beiden Aluminiumstangen wiederum beleben das Holzdeck mit ungewöhnlichen Höhenakzenten, indem sie ein wenig an ein Portal oder an Fahnenstangen einer Hafeneinfahrt erinnern.

Zum Bau von Steilufern an Terrasse und Hauswand

- Der Schwimmteich endet an der Terrasse. Errichten Sie deshalb (für den umlaufenden Steg) vor den Fundamenten des Hauses und (für die Liegefläche) vor den einwärts gerückten Fundamenten der Terrasse Trockenmauern, die ihrerseits auf einem Betonfundament ruhen.
- Fixieren Sie darauf der Länge nach Rundhölzer als Kapillarsperre, die auf gleicher Höhe mit dem Stützfundament der Terrasse abschließen.
- Nun das Schutzvlies unter der Teichfolie und ebenso die Teichfolie rundum weit über die Rundhölzer ziehen und in einem Sandbett zwischen dem Fundament und dem späteren Terrassenbelag fixieren.
- Anschließend den Belag montieren. Dabei die Beläge zur Wasserseite hin als Abdichtung mit Silikon an der Folie verkleben.

Garten-Design: Eveline Merkinger, D
Garten: Merkinger, D
Foto: Ferdinand Graf Luckner

Blickfang zur Ballsaison

Hortensien sind als durstig und trinkfreudig bekannt. Ein gemäßigtes Klima, ein saurer oder zumindest neutraler Boden und ein Platz am Wasser, wo sich zu ihrem Lebenselixier Wasser eine hohe Luftfeuchtigkeit gesellt, lassen deshalb auch die Ballhortensien (*Hydrangea-macrophylla*-Hybriden) an diesem Gewässerrand einen prachtvollen Blütenrausch entfachen.

Belvedere mit Abkehr vom Garten

Vom Uferrand eines Weihers aus ragt dieses Holzdeck leicht übers Wasser hinaus. Um Platz dafür zu schaffen, unterbrach man die Hortensienhecke, bis sie sich nach und nach in üppiger Fülle auch über das Holzdeck lehnte. Dessen Funktion ist eindeutig: Als kleine Aussichtsplattform öffnet es sich zum Wasser hin und ist auf dessen Genuss prädestiniert. Damit wendet sich der Sitzplatz von seinem Gartenteil und seinem Zugang ab – was sehr ungewöhnlich ist. Gestalterisch kann er in dieses Areal höchstens noch als Fixpunkt einer auslaufenden Blickachse einbezogen werden. Als Highlight hingegen präsentiert sich die Leisure-Zone vom Wasser oder vom gegenüberliegenden Ufer aus. Hier erweist sie sich als romantischer Blickfang und märchenhafte Kulisse, die sich in ihrem floralen Rahmen von der schönsten Seite zeigt und die die Spiegelungen der Wasseroberfläche sogar noch märchenhaft verdoppeln. Genuss und Komfort verspricht auch der behagliche Sessel, dessen Naturfarben sich ebenso wie der Leinenschirm herrlich in die ungezwungene Natürlichkeit des Umfelds einpassen. Mit seiner weichen, behäbigen Form gleicht er den Hortensienbüschen, zu denen er einen kontrapunktischen Ausgleich schafft. Wer dazu noch ein Modell mit witterungsbeständigem Geflecht aus Kunstfaser (wie Hularo oder Sunloom) wählt, kann es rund ums Jahr im Freien stehen lassen.

Wasserrechtliche Bestimmungen

- Gewässer, die wie in diesem Beispiel an ein Privatgrundstück anschließen oder es in Form eines Kanals oder Baches durchziehen, dürfen in Deutschland nicht einfach mit Brücken, Stegen oder Decks überbaut werden. Setzen Sie sich zuvor unbedingt mit der jeweils zuständigen regionalen Wasserrechtsbehörde in Verbindung und informieren Sie sich, ob eine Genehmigung erteilt werden kann.
- Dieses Verfahren ist nicht nötig, wenn es sich bei dem Gewässer um einen eigens angelegten Gartenteich oder Schwimmteich innerhalb des eigenen Gartens handelt.

Garten-Design: Roeloffs, NL
Garten: Roeloffs, NL
Foto: Jürgen Becker

Kubistische Wasservilla am Pool

Vom Wohnzimmer aus direkt in den Pool zu springen, ermöglicht dieser zeitgenössische Entwurf, der mit der Idee spielt, gepflegtes Wohnen drinnen und draußen nahtlos miteinander zu verknüpfen und gegeneinander austauschbar zu machen.

Bestechende Einheit von Pool und „Palais“

Es liegt an einer ganzen Reihe von raffinierten optischen Bezügen und Parallelen, weshalb Pool und Glashaus zu faszinierender Geschlossenheit verschmelzen. So ruhen Pool und Pavillon gerahmt von einem Weg als architektonisches Ensemble wie auf einer Empore am Ende des Gartens erhöht über diesem. Diese Höhe erreichte man, weil das Becken auf Bodenniveau aufgesetzt und das Freiluftzimmer auf Beckenrand-Höhe errichtet wurde. Den Zugang zum Haus ermöglicht eine Treppe mit hellen Kalksteinplatten, die den Pool an seiner Stirnseite als Weg umlaufen, während sie sich am gegenüberliegenden Beckenrand zu einer rechteckigen Liegefläche erweitern. Es sind aber auch die schnörkellosen kubischen Formen von Haus und Becken, die sich in Weiß und Schwarz wie Yin und Yang zusammenschließen. Hinzu kommt, dass die Spiegelflächen von Glas (Haus) und Wasser (Pool) in Format und Textur miteinander korrespondieren. All diese Impressionen, wie auch die weißen Lichtwürfel, die in unregelmäßiger Anordnung und unterschiedlich tief in die schwarze Grenzwand eingelassen sind, verdoppelt die Wasseroberfläche in ihren Spiegelungen.

Schwarze Pools wirken zwar weniger erfrischend als blaue, zeigen aber die besten Spiegeleffekte. In diesem Beispiel verwischt Schwarz obendrein die Grenzen zwischen Pool und Mauer.

Der Sitzplatz in futuristischer Transparenz

Der Gedanke, einem Pool ein Freiluftzimmer zur Seite zu stellen, dürfte in allen Regionen mit gemäßigtem Klima Interesse wecken, wo man Pools nur wenige Monate nutzen kann. Ein solch rundum geschützter Sitzplatz verlängert die Freiluftsaison am Wasser, weil man es von dort aus zu allen Jahres- und Tageszeiten zumindest optisch genießen kann. Seine stille Oberfläche wird nur durch die grafischen vertikalen Strukturen des immergrünen Winter-Schachtelhalms (*Equisetum hyemale*) aufgelockert. Das Glashaus selbst besteht aus einem Aluminiumrahmen mit raumhohen Glasschiebetüren, durch die sich der Garten im Panoramablick erschließt. Umgekehrt geht aber auch vom Ambiente des Raums, seinen Farben und Formen je nach Wahl eine harmonische oder kontrastive Wirkung auf den Garten aus.

Der Hersteller dieses und anderer kubistischer Freiluftzimmer

TWIGA UK Ltd, Spaces for the outdoors

Waterside House, Waterside, Macclesfield, Cheshire, SK 11 7HG

Telefon 0044/1625/66 89 99, www.twiga.co.uk

Garten-Design: Alex Daley & Alice Devaney, GB

Garten: RHS Flower Show Tatton Park 2005, GB

Foto: Gary Rogers

Pool-Pavillon wie aus dem Serail

Sie sind der Superlativ unter den Outdoor-Domizilen, was die Luftigkeit anbelangt. Die meist unter dem Namen „Garten-Pavillon“ laufenden Zwitterbauten aus Stoff und Stützen beherzigen wie kaum ein anderes Gartenelement den Grundsatz „minimum d‘effort – maximum d‘effet“, indem sie mit wenig Aufwand fürstlichen Luxus und herrschaftliche Lebensqualität in den Garten tragen.

Stoff-Pavillons und ihre Funktion im Garten

Im Beispiel rechts verkörpert der Pavillon wohl den Traum vieler erholungssuchender Gartenfreunde und ist direkt in die Poollandschaft integriert. Seine tragenden Pfosten sind direkt auf dem sich verbreiternden, den Swimmingpool einfassenden Holzdeck fixiert und damit Teil eines erlesenen, privaten Spa-Bereichs. Während seitlich genau auf das Holz der tragenden Pfosten abgestimmte Sichtschutzwände Wind und Blicke abhalten, spendet die Wasser abweisende Plane Schutz vor Sonne und Regen, sodass auch Korbmöbel und Polster sommerlang im Freien bleiben können. Selbst die malerischen Vorhänge erweisen sich in diesem Zusammenhang nicht nur als atmosphärische Stimmungsträger, sondern lassen sich bei Bedarf kurzerhand zuziehen, sodass eine blickdichte Umkleidekabine entsteht. Und natürlich lädt ein solches „Luftschloss“ auch dazu ein, in trauter Zweisamkeit wie in geselliger Runde stimmungsvolle, vor nächtlicher Kühle geschützte Abende bei romantischem Kerzenschein zu verbringen.

Modelle und technische Details

Pavillonartige Großzelte gibt es in vielen Modellen und Varianten. Dabei besteht der Unterbau, also die tragenden Pfosten, entweder aus Holz oder aus Metall. Hierbei zeigen sich bereits beträchtliche Wert- und Preisunterschiede, je nachdem, welches Holz in welcher Verarbeitung zum Einsatz kommt. Neben einzelnen Pfosten gibt es auch flächige Ecklösungen mit Rankgittern. Wer einen schmiedeeisernen Korpus bevorzugt, kann sogar auf Modelle mit extravaganten Fantasiedächern zurückgreifen. Auch hinsichtlich Größe und Form (rund, rechteckig, oval) werden alle Wünsche erfüllt. Ein besonders vielfältiges und hochqualitatives Angebot ist bei unopiu (www.unopiu.de) erhältlich. In der Regel werden diese Pavillons durch Punktfundamente im Boden verankert. Auf befestigten Flächen kann man sich mit Schraublaschen behelfen. Es gibt aber auch zusammenfaltbare, mobile Modelle, die nur den Sommer über oder bei einem Fest zum Einsatz kommen (wie das Holzzelt „Casablanca“ von Wood Steel & More, www.woodsteel.de)

Tipp zu Auswahl und Kauf

Informieren Sie sich genau über die Qualität der wasserdichten Deckplane. Sie ist das wichtigste Element des Pavillons, denn ihre Haltbarkeit und Stärke bestimmen die Lebensdauer des Sommerhauses – und auch seinen Preis.

Garten-Design: Christoph Wahl, D
Garten: Schmidt, D
Foto: Ferdinand Graf Luckner

Ein Sonnenplatz am Teich in der Trilogie der Blickführung

Gartengenuss beschränkt sich nicht auf das körperliche Sich-Wohlfühlen in einer grünen Umgebung, sondern erbaut sich auch an atmosphärischen und sinnlich-visuellen Reizen der Gartengestaltung. So erweist sich der idyllische Sonnenplatz am runden Deck über dem Schwimmteich nicht nur als veritable Bade- und Freizeitoase, sondern bildet auch den Fokus einer feinsinnigen und vielschichtigen Inszenierung.

Der inszenierte Wohlfühl-Sitzplatz

Wie eine formprägnante Landzunge schiebt sich das Holzdeck in den Schwimmteich hinein, sodass, wer sich dort aufhält, fast rundum von Wasser, seinem Geruch und leisen Gluckern umgeben ist. Da genügen eine komfortable Liege und ein Sonnenschirm, um Urlaubsstimmung wie auf einer Ferieninsel aufkommen zu lassen. Die etwas kahle Leere, die Stege und Decks über Wasser leicht umgibt, wird hier geschickt vermieden durch eine den Steg partiell begleitende Halbinsel, die mit prallen Hortensien, Stauden und einem Obstbaum als Höhenelement üppig bepflanzt ist.

Die Inszenierung des Blicks vom Sitzplatz aus

Die Gestaltung dieses Freiluftdomizils beschränkt sich jedoch nicht nur darauf, eine Oase der Entspannung mit Wohlfühlqualitäten zu sein, sie ist zugleich auch eine Aussichtsplattform, die herrliche Blicke in alle Gartenbereiche erlaubt. Da kann das Auge sich nach rechts an den Pflanzen der kleinen Halbinsel erfreuen oder daneben im abgetrennten Regenerationsbereich des Schwimmteichs eine ganz andere Flora erleben. Es kann aber auch über den Schwimmteich selbst hinweggleiten und sich an seinen Spiegelungen erfreuen oder am gegenüberliegenden Ufer zum Ruhen kommen. Damit der Blick dort nicht ins Leere läuft, installierte man unter anderem als Akzent vis-à-vis eine Steingruppe mit dekorativen Blattschmuckstauden, wie einen Farn und einen gelb blühenden Japanischen Goldkolben (*Ligularia dentata*). Landeinwärts hingegen fällt der Blick auf eine kleine, hafenähnliche Uferpartie, die auch einen Zugang zum Teich ermöglicht.

Der Sitzplatz als Blickfang

Sein vorgezogenes Holzdeck in die flirrende Teichfläche hinein macht den Sitzplatz aber auch selbst zu einem markanten Gartenelement. Ist noch der Sonnenschirm geöffnet, so entsteht zwischen den runden Parallelflächen von Deckfläche und Schirm fast so etwas wie ein kleines Boudoir im Freien. Auf alle Fälle jedoch erhält das Refugium ein Höhenelement, das den Blick auch von Weitem anzieht. Zu einer Einheit verbindet sich bei diesem Garten-Highlight das Teakholz der Liege mit dem Holzbelag des Stegs, der am Land von rötlichen Platten aus italienischem Porphyr abgelöst wird.

Garten-Design: Alexander Oesterheld, D
Garten: Privatgarten, D
Foto: Ferdinand Graf Luckner

Wunderland bei Nacht

Dass sich ein Garten vom Sitzplatz aus als Ausschnitt zweier völlig unterschiedlicher Welten präsentiert, beweist dieser Garten, der beim Übergang vom Tag zur Nacht eine Verwandlung vom Naturparadies in ein visuelles Artefakt erlebt.

Inszenierung einer Kunstwelt

Wer von diesem Sitzplatz aus, der sich bis an die vorderste Kante eines Holzdecks über den Naturteich erhebt, das Panorama des gegenüberliegenden Gartenufers bei Tag und Nacht genießt, glaubt in zwei verschiedenen Gärten zu sein. Das Beispiel beweist, dass für einen solchen Effekt jedoch weder verschiedene Sitzplätze noch ein großes Areal vonnöten sind. Wie im Theater kann sich auch der kleinste Garten durch die Dramaturgie der Beleuchtung in seiner Gestaltung und Atmosphäre völlig verwandeln. Dieser Garten, der sich von der „Sitzbühne" aus tagsüber als stilles Naturreservat mit Holzhaus, Teichidyll und Gehölzesaum präsentiert, verwandelt sich in der Dämmerung durch eine variantenreiche Beleuchtung in eine verfremdete Kunstwelt. Da verhelfen Bühnenscheinwerfer mit warmem, schrägem Streiflicht der Teichrand-Bepflanzung zu einem großen Nachtauftritt, während am Boden montierte, nach oben gerichtete Strahler eine Skulptur oder einzelne Gehölze hervortreten lassen. So verstärkt rotes Licht das Rot der Blutpflaume, während kühle Quarzlampen die Blautanne metallisch legieren. Und in die Starre dieser Lichtkulisse tupfen Fackeln am Teichrand offene, lebendig bewegte Akzente ein.

Garten-Design: Sibylle Zypries, Licht-Design: Peter Zypries, D

Garten: Zypries, D

Foto: Nik Barlo jr.

Mußestunden der Naturbetrachtung

Weder für den Badespaß einer fröhlich plantschenden Kinderschar noch für heitere Gartenfeste wurde dieser Sitzplatz geschaffen. Er lädt vielmehr zum beschaulichen Verweilen in Wassernähe ein, sei es, um stille Zwiesprache mit der Natur zu halten, den Schwirrflug der Libellen zu beobachten oder um sich in die magischen Spiegelungen des Wassers zu versenken.

Die Inszenierung der Abgeschiedenheit

Eine pompöse Sitzgruppe oder eine thronartige Bank würden Stil und Atmosphäre dieses abgeschirmten Gartenteils beeinträchtigen oder gar zerstören. Der Grund dafür liegt auf der Hand: Eingebettet in eine naturhafte, reiche Bepflanzung mit dekorativen Blattschönheiten, Gräsern und Gehölzen entführt dieser stille Teich mit seiner geheimnisvollen Tiefe und den Spiegelungen seiner Oberfläche in eine Welt der Fantasie und Meditation. Alles Laute, Dominante und Artifizielle würde diese Naturhaftigkeit stören oder verfremden. Dies ist hier glücklicherweise nicht der Fall. Mit ihrer schlichten Form und dem verwitterten Silbergrau passen sich die beiden Bänke in Stil, Material und Farbe den Holzplanken des Stegs an. Kein überflüssiger Schnörkel stört ihre reine Funktion, sodass Steg und Bänke bescheiden und zurückhaltend der prächtigen Randbepflanzung und dem wechselnden Schauspiel der Wasseroberfläche optisch den Vortritt lassen.

Sinnbildliche Belebung durch Kunst

Den meditativen Charakter dieses Sitzplatzes verstärkt die Bronze-Plastik der sinnend auf das Wasser blickenden Frau. Mit ihrer Haltung und Blickrichtung auf den Teich passt sie wunderbar an den ihr zugewiesenen Ort am Steg, an dem sie zugleich als optisches Gegengewicht zum Sitzplatz fungiert. Subtil vernetzt mit dem Umfeld ist jedoch nicht nur ihre gestalterische Funktion, sondern auch ihr patinierter Farbton und die unprätentiöse Natürlichkeit der Gestalt, die mit Steg und Bänken perfekt harmonieren.

Als personifizierte Nachdenklichkeit, Melancholie, Meditation oder was immer wir in ihr sehen, prägt die Skulptur den Sitzplatz jedoch auch atmosphärisch. Mit ihrer Körperlichkeit belebt sie den Gartenteil. In weniger natürlichen Gärten, seien sie formal oder frei gestaltet, können auch neckische Putti oder zarte Elfen, Allegorien der Jahreszeiten oder allerlei Getier an Sitzplätzen ihr Wesen treiben. Ob man sich für historische Nachbildungen oder moderne Objekte entscheidet, ist sicher eine Frage des Geschmacks, immer aber sollten die Figuren zum Garten passen sowie Stil und Material anderer Gartenelemente berücksichtigen. Zusammen mit Pflanzen erfüllen sie in jedem Fall ein Hauptanliegen der Romantik, nämlich Natur und Kunst in Einklang zu bringen.

Garten-Design: Ton ter Linden, NL
Garten: ter Linden, NL
Foto: Jürgen Becker

Naturfreundehaus am Schmetterlings-Paradies

Selbst in kleinsten Hausgärten lässt sich der Wunsch nach einem Gartenidyll mit dem Bestreben, eine ökologische Nische zur Erhaltung der Schmetterlingsfauna zu schaffen, verbinden. Dies illustriert dieser gift- und kunststofffreie Garten, von dessen Sitzplatz am Gartenhaus aus man das blühende und flatternde Leben im Garten wunderbar beobachten kann. Das Refugium des Schmetterlingsliebhabers ist eine wildromantische Hütte, die ausschließlich aus recycelten Naturmaterialien entstanden ist und sich dabei an den rustikalen, originellen Naturholzarbeiten des amerikanischen Adirondack-Stils orientiert. Das mit Rinden gedeckte Dach, die Baumstämme, die als Stützen des Vordachs dienen, und der aus Lianen geflochtene Hängesessel zeugen von der Kreativität seiner Erbauer und von der Authentizität und Schönheit unregelmäßigen Natur-Designs.

Biotop mit vielfältigen Lebensbereichen

Ein Rahmen aus Gehölzen im Hintergrund, eine anschließende Blumenwiese, ein Steingarten und Feuchtbereiche schaffen die Basis für vielfältige Pflanzengesellschaften, die nicht nur nektarreiche Blütenpflanzen für die Falter bereithalten, sondern auch Duftpflanzen gedeihen lassen, die nachtaktive Tiere anlocken. Reserviert ist auch ein Plätzchen für Raupenfutterpflanzen, von denen viele als Unkräuter verpönt sind, wie die Brennnessel. Allein die Blätter dieser ausbreitungsfreudigen Pflanze bilden die Nahrungsgrundlage für zwei Dutzend Schmetterlings-Arten.

Attraktive Blütenpflanzen für Schmetterlinge

- Sommerblumen und Stauden: Duftnessel (*Agastache*), Steinkraut (*Alyssum*), Ochsenzunge (*Anchusa*), Sommer- und Herbst-Astern (*Aster*), Blaukissen (*Aubrieta*), Flockenblume (*Centaurea*), Goldlack (*Cheiranthus*), Disteln (*Cirsium*), Nelken (*Dianthus*), Kugeldistel (*Echinops*), Natternkopf (*Echium*), Wasserdost (*Eupatorium*), Lavendel (*Lavandula*), Leinkraut (*Linaria*), Silberblatt (*Lunaria*), Levkoje (*Matthiola*), Katzenminze (*Nepeta*), Ziertabak (*Nicotiana*), Dost (*Origanum*), Flammenblume (*Phlox*), Seifenkraut (*Saponaria*), Hohe Fetthenne (*Sedum telephium*), Skabiose (*Scabiosa*), Lichtnelke (*Silene*), Samtblume (*Tagetes*), Thymian (*Thymus*)
- Gehölze: Felsenbirne (*Amelanchier*), Sommerflieder (*Buddleja davidii*), Bartblume (*Caryopteris*), Weißdorn (*Crataegus*), Geißblatt (*Lonicera*)

Wichtige Futterpflanzen für Schmetterlingsraupen

- Große Brennnessel: Admiral, C-Falter, Tagpfauenauge, Kleiner Fuchs
- Him-, Brombeere: Kaisermantel, Brombeerzipfelfalter, Perlmutterfalter
- Weide: Schillerfalter, Trauermantel, Großer Fuchs
- Schlehe: Segelfalter, Baumweißling
- Espe, Zitterpappel: Großer Eisvogel, Großer Schillerfalter
- Klee, Luzerne, Wicke: Senfweißling, Gelblinge, Bläulinge, Postillon

Garten-Design: Marney Hall & Paul Dyer, GB
Garten: Chelsea Flower Show 1998, GB
Foto: Gary Rogers

Lichtspiele am Teich – vom Sitzplatz aus gestaltete Blickfänge

Beleuchtung intensiviert den Gartengenuss – zeitlich, indem sie den Abend ins Dunkel hinein verlängert, räumlich durch die Erweiterung der Aufenthaltsmöglichkeiten bei Nacht und atmosphärisch, indem sie Pflanzen und Gartenelemente in neuer, magischer Sicht präsentiert und aus dem Kontext der Nacht herauslöst.

Der Garten als Bühne

Illumination ist eine Zaubermacht, deren Bedeutung im Garten noch immer weit unterschätzt und vernachlässigt wird. Dabei lässt sich der Garten mit Hilfe von Leuchten und Strahlern neu gestalten, indem man neue Schwerpunkte hervorhebt, während Highlights des Tages im Dunkel verbleiben. So breitet sich auch vor dieser Bank am Teich der illuminierte Garten bereits in der Dämmerung geheimnisvoll aus. Diese neue Wirklichkeit ist Strahlern zu verdanken, die mit ihrem von unten nach oben gerichteten Licht dramatische Gartenbilder erschaffen. So fokussieren Unterwasser-Strahler im Teich Steinformationen am Teichrand ebenso wie den Wasserfall. Während sie dem Wasser funkelnde Transparenz verleihen, verwandeln sie die gelben Quader des Oberkirchener Sandsteins in gleißendes Gold. Die alte Steinstele am Teichrand hingegen wird durch die am Boden eingelassenen Strahler mit ihrem nach oben gerichteten Licht zu einem kultisch durchglühten Energiefeld. Bei Tag bleibt der Lichtzauber unbemerkt. Da bei allen Strahlern Lichtquelle und beleuchtetes Objekt nicht beieinander liegen, können sie versteckt angebracht werden und stören somit tagsüber das Gartenbild nicht.

Garten-Design: Alexander Oesterheld, D

Foto: Ferdinand Graf Luckner

Seaside-Reminiszenzen auf Balkonien

Mit einem Cocktail ungewohnter Impressionen überrascht dieser Sitzplatz, auf dem sich, wie auf einem Laufsteg, Orte der Muße und Entspannung mit Sitz- und Liegemöglichkeiten aneinanderreihen.

Schwimmteich in Hanglage

Wer kennt sie nicht, die Traumbilder aus subtropischen Regionen, wo Swimmingpools mit soviel Raffinement in Abhänge eingebettet werden, dass ihre Vorderkante nur in einer einzigen Linie die Grenze zum sich wie nahtlos anschließenden, jedoch faktisch tief unten liegenden Meer andeutet. Wer dort schwimmt, kann den Eindruck gewinnen, in die Unendlichkeit zu treiben. Diese Vorstellung ergibt sich nicht beim Plantschen im Schwimmteich rechts, obwohl er, wie die oben angesprochenen Pools, ebenfalls in einen Hang eingelassen wurde. Sein Reiz besteht darin, dass ihn ein grüner Rahmen üppiger Kronen von mächtigen Bäumen am Hang umfängt, die ihn wie eingebettet erscheinen lassen. Gerade in Hanggrundstücken lassen sich bestimmte Gartenwünsche nur durch besondere architektonische Kniffe erfüllen, deren Planung und Realisation wie dieser Schwimmteich unbedingt in die Hand erfahrener Fachleute gehört. Nur sie können anschließend auch die wichtigen Sicherheitsgarantien übernehmen.

Freizeitdecks zum Tafeln, Sonnen und Träumen

Mit einem Schwimmteich allein erschöpften sich die Wünsche im vorliegenden Beispiel jedoch keineswegs. Schließlich ist Wasser im Garten immer dazu da, auch genossen zu werden. Und dies wollte man sich hier auf vielfache Weise ermöglichen. Die Lösung bietet ein an der Hangseite umlaufendes Holzdeck, auf dem man nicht nur über dem Wasser, sondern auch, wie auf einem Balkon, über dem Hang thront. Von hier aus kann der Blick zwischen den Baumkronen hindurch in die Weite der lieblichen Landschaft um den Bodensee schweifen. Wer hier sitzt oder liegt, kommt im schwül-warmen Klima der Region auch in den Genuss einer erfrischenden Brise durch die Aufwinde am Hang. Um den Freizeitkomfort zu perfektionieren, muss in solch exponierter Lage natürlich auch die nötige Sicherheit gewährleistet sein. Ein massives Geländer aus Holzpfosten und Metallrohren verhindert Abstürze, ohne jedoch den Blick zu verbauen.

Da das Holzdeck zur Teichseite hin in weichen, unregelmäßigen Konturen verläuft, ergeben sich durch die unterschiedlichen Breiten ganz variable Nutzungsmöglichkeiten. So bietet die Ecke genügend Raum für eine Zweier-Sitzgruppe, während auf einer Verbreiterung des Decks sogar ein luxuriöses Sonnenbett Platz findet.

Garten-Design: Christoph Wahl, D
Garten: Schmidt, D
Foto: Ferdinand Graf Luckner

Kleine Trauminsel inmitten des Gartens

Mit unverstelltem Blick auf den Teich, auf dessen Pflanzenpracht und die Gehölzkulisse dahinter offeriert dieser Sitzplatz für Zwei nicht nur einen Platz in der ersten Reihe – zu Füßen eines alten Baumes gelegen, den duftende Rosen erklimmen, er ermöglicht zugleich, Schönheit und Duft der „Königin der Blumen“ aus nächster Nähe zu genießen.

Ein Sitzplatz als zentraler „Schau“-Platz

Während Sitzplätze bevorzugt in Randbereichen, Ecken oder Nischen des Gartens angesiedelt werden, ruht diese kleine Insel des Gartengenusses mitten in einem frei gestalteten Garten. Gestalterisch ergab sich daraus die Aufgabe, sie stilistisch harmonisch und dennoch als besonderen Blickfang im Garten einzubetten. Ein alter Baum in Nähe des Teiches bot sich als Location gleich mehrfach an, da er nicht nur Schatten spendet, sondern zugleich als Rankhilfe für Ramblerrosen fungiert und als Höhenelement dem Platz Prägnanz verleiht. Besonders gelungen ist auch die Gestaltung des Sitzplatzes selbst, der Komfort mit Pflanzengenuss vereint, indem Pflasterfläche und Bepflanzung sich wie Yin und Yang zu einem geschlossenen Rondell vereinen. Ein Halbkreis aus Kleinsteinpflaster steht für den Sitzplatz zur Verfügung, während sich im offenen Boden des zweiten Halbkreises der Baum und daran emporrankende Ramblerrosen mit Trichterfarn (*Matteuccia struthiopteris*), blauen Sibirischen Schwertlilien (*Iris-sibirica*-Hybriden) und Wiesenknöterich (*Bistorta officinalis* 'Superbum') ein bezauberndes Stelldichein geben.

Tipps zur Anlage der Pflasterfläche

- Die Fläche für den gesamten Kreis oder das Oval mit einem Gartenschlauch oder mit Pflöcken markieren. Der Baum sollte dabei weit von der Pflasterfläche entfernt stehen, damit seine Wurzeln möglichst wenig von der Pflasterung betroffen sind. Pflasterhalbkreis kennzeichnen.
- Für die Pflasterfläche den Rasen abstechen, die Erde 30 cm tief auskoffern, auch Baumwurzeln entfernen, die Sohle planieren und verdichten.
- Bei Kleinsteinpflaster sind die Ränder zu stabilisieren. Deshalb an den Konturen des Pflasterhalbkreises einen betonierten Fundamentstreifen mit einer aufgesetzten Pflasterzeile ausbringen.
- In diesen „Rahmen“ als Unterlage 20 cm hoch frostsicheres Material 0 bis 32 mm aus Kiessplitt oder Schotter verteilen und mit dem Rüttler verdichten. Darauf das Sandbett von gleichmäßig 3 bis 5 cm ausbringen und horizontal abziehen. Es sollte so hoch sein, dass die Steine vor dem Abrütteln 1 cm über dem Rasenniveau stehen.
- Darauf die Pflastersteine im Halbkreis verlegen, indem man sich vom Mittelpunkt aus Reihe für Reihe vorarbeitet. Dabei mit einer Messlatte immer wieder die Höhe überprüfen.
- Fugenmaterial wie Sand oder feinen Kies ausbringen und mit Wasser in die Fugen kehren. Abschließend die Fläche mit dem Rüttler verdichten. Nun erst für das Beet den Boden lockern, aufbereiten und bepflanzen.

Garten-Design: Architekturbüro Garten und Landschaft Solingen, D

Foto: Jürgen Becker

Neuzeitliche Eremitage aus Wasser und Stein

Keine Ablenkung stört den meditativen Charakter dieses Gartenhofs mit seinen fernöstlichen Anklängen und dem modernen Zierteich. Nach drei Seiten schirmen Mauern die Außenwelt hermetisch ab und umschließen einen Raum, der Stunden stiller Einkehr und Beschaulichkeit ohne Langeweile verspricht.

Klausur in minimalistischer Erlebniswelt

Damit beim Entspannen der Blick nicht rundum an den Mauern abprallt, kam es darauf an, ihn durch sinnliche Attraktionen nach innen zu lenken. Man schuf deshalb zwei Ebenen: oben die terrassenähnliche Rekreationszone und drei Stufen tiefer ein schlichtes Wasserbecken. Wie ein Bildschirm zieht es das Auge an, indem es in seinen Spiegelungen den Himmel in den Garten zaubert und vom Sitzplatz aus ein unendliches Schauspiel wechselnder Stimmungen und Farben bietet. Zugleich erhöht es wohltuend die Luftfeuchtigkeit. Neben dem Wasser beleben auch Steine den Raum. Das lebhafteste Pendant zum Wasserbecken bildet eindeutig das fernöstlich inspirierte Kieselsteinpflaster in seiner aparten Kombination mit Natursteinplatten, die auch bei den Stufen und als Beckeneinfassung Verwendung finden. Die Platten „zersplittern" in fugenlosen Bahnen die Liegefläche in unregelmäßige Parzellen. Ruhe erhält diese dynamische Großstruktur durch ihre kleinteilige Füllung. Dabei verlegte man die in Mörtel gebetteten Kieselsteine in jeder Parzelle regelmäßig, jedoch in wechselnder Ausrichtung.

Garten-Design: Rheims und Partner, D, Kunstobjekte: Klaus Simon, D

Garten: Terstegen, D

Foto: Nik Barlo jr.

Sommerfrische am eigenen Pool

Klassische Schwimmbecken sind in der Regel bauliche Elemente, deren horizontale Flächigkeit sich oft befremdlich in den Garten, dafür besonders gut in ein architektonisches Umfeld einfügt. Dies ist hier der Fall, wo der Pool in nächster Nähe von einer Wand begrenzt wird, wodurch allerdings am seitlichen Beckenrand kein Platz mehr für weitläufige Liegeflächen, gerade aber noch für eine Bank bleibt.

Farbdreiklang und kubistisches Flächen-Design

Drei Farben beherrschen diesen Gartenbereich und vermitteln auf nonverbale Weise unbeschwertes Urlaubs-Flair. Weiß, die Farbe von Eleganz, Luxus und Dolcefarniente, trägt sommerliche Leichtigkeit in diesen Gartenteil und erhellt die vorwiegend im Schatten liegende Wand sowie die Sitzbank und ihre flankierenden Versailles-Kübel. Ebenfalls großflächig setzt sich dagegen das Blau des Pools ab. Der Farbton ergibt sich durch eine weiße oder lichtblaue Farbauskleidung des Beckens und verstärkt sich bei zunehmender Wassertiefe. Belebt wird diese erfrischend blau-weiße Badewelt durch das Grün der Pflanzen, die in Gefäßen den Pool-Rand säumen, wie die Buchskugeln (*Buxus sempervirens*) in den Versailles-Kübeln, Funkien (*Hosta*) mit dekorativen herzförmigen, gelb-grün panaschierten Blättern, Schmucklilien (*Agapanthus praecox*) mit immergrünem, riemenförmigem Laub sowie Duftpflanzen wie Rosmarin (*Rosmarinus officinalis*), Lavendel (*Lavandula angustifolia*) und Duftpelargonien (*Pelargonium*). Der reduzierten Buntheit dieser Anlage entspricht auch ihre konsequente Formensprache. Rechtecke und Quadrate geben das Grundgerüst vor, das nur durch einige freiwüchsige Pflanzen aufgelockert und durchbrochen wird. Zu den Rechtecken von Wand und Pool gesellen sich vor allem die auffallenden Würfelformen der Versailles-Kübel und die Quadrate der in den Pool eingelassenen Buchsinseln. Mit ihrem linearen Staccato inszenieren sie eine ebenso ungewöhnliche wie verfremdete Optik und erinnern dabei an grüne, schwimmende Inseln. Gestalterisch kommt ihnen die Aufgabe zu, das strenge Beckenrechteck wie auch den horizontalen Wasserspiegel aufzulockern und zu strukturieren. Dazu setzte man flächig gepflanzten Buchs in betonierte Pflanzkästen. Buchs ist sicher eine der am besten geeigneten Pflanzen in Beckennähe oder gar darin. Der Grund: Als immergrünes Gehölz verliert er kaum Laub und verunreinigt auch nicht das Wasser durch abfallende Blütenblätter. Wichtig ist ferner, dass der Rand der Pflanzinseln erhöht über dem Substrat und der Wasseroberfläche liegt, damit Wellen, die beim Schwimmen entstehen, keine Erde ins Wasser spülen können.

Tipp: Parallelismen in architektonischem Umfeld

In formale und von Architektur geprägte Gartenanlagen passen symmetrisch gestaltete Sitzplätze besonders gut, wie diese Bank, die durch gleichartige, flankierende Pärchen aus weißen Kübeln mit Buchskugeln und Funkien attraktiv eingebunden wird.

Garten-Design: Caesar, D

Garten: Caesar, D

Foto: Jürgen Becker

Beobachtungsposten am Koi-Becken

Pflanzenliebhaber, die sich auf kleinstem Raum auch noch einen Sitzplatz am Wasser wünschen, finden in diesem Beispiel ein reizvolles Konzept, das alle drei Aspekte variationsfähig miteinander kombiniert.

Kleiner Garten – großer Rahmen

Die Grundregel, einen Sitzplatz nach drei Seiten möglichst mit einem schützenden Rahmen zu umgeben, lässt sich in Miniaturgärten nicht immer verwirklichen. In diesem Schaugarten rückte man den Sitzplatz – aus platzsparenden Gründen eine Bank – auf eine kleine, verbreiterte Plattform am Koibecken und rahmte stattdessen die Einheit von Sitzplatz und Zierbecken lauschig ein. Dabei gewinnen immergrüne Gehölze, die rund ums Jahr eine beständige Struktur und Farbe garantieren, eine nahezu strategische Rolle. Als Schnitthecke (rechts) schotten sie auch im Winter den Garten blickdicht ab und beleben diesen im Inneren mit attraktiven Höhenelementen, wie hier die Rhododendren und der Lavendel.

Formal konzipiert – frei bepflanzt

Im Zentrum dieses Refugiums liegen die beiden versetzt angeordneten Rechtecke der Wasserbecken und geben damit eine formale Form vor, die der Belag aus Thüster Kalkstein-Platten am Beckenrand und Sitzplatz noch betont. Im Vordergrund fungiert der Plattenbelag außerdem noch als Beeteinfassung. Während die immergrünen Gehölze zusammen mit der Sitzbank dem Garten wie dauerhafte „Plastiken" Räumlichkeit verleihen, geben die architektonischen Elemente von Becken und Platten eine horizontale Struktur und Ordnung vor. Dieses Gerüst genügt, um dem kleinen Paradies dauerhafte Konturen und ein Design-Schema zu verleihen. Innerhalb dieser Vorgaben kann der Garten in zauberhafter Liaison von Strenge und Verspieltheit frei bepflanzt werden. Stufig ansteigend setzte man an halbschattige Partien Rhododendren, Hortensien (*Hydrangea*-Hybriden) und Weißen Fingerhut (*Digitalis purpurea* 'Alba'), ins sonnige Beet des Vordergrunds hingegen Lavendel (*Lavandula angustifolia*), Schleierkraut (*Gypsophila repens* 'Monstrosa') und die Dalmatiner Glockenblume (*Campanula portenschlagiana*).

Ensemble von Wasser und Sitzplatz

Kleine Gärten gewinnen immer, wenn sie Attraktionen bieten, die die Aufmerksamkeit nach innen zentrieren. Hier ist es der funkelnde Wasserspiegel, der die Szenerie belebt und durch seinen edlen Fischbesatz sogar dazu verhilft, einem Hobby zu frönen. Zu betreten ist der Sitzplatz über die Beckeneinfassung, die breit genug ist, einen Weg zu ersetzen. Wer ihn erreicht hat, erlebt den Sitzplatz als eine Halbinsel der Beschaulichkeit und vom gegenüberliegenden Ufer aus als stillen Blickfang.

Garten-Design: Sebastian Jensen, D

Garten: Gut Stockseehof, Garden Fair 2005, Showgarten

Foto: Gary Rogers

Insel-Hopping mit Geselligkeitsfaktor

Inselglück pur verspricht dieser Sitzplatz mitten im Teich, der von verschiedenen Seiten her, aber nur auf abenteuerlichen Wegen über Trittsteine erreichbar ist. Als „Island in the Sun“ wurde dieses Holzdeck konstruiert, das malerische Ausblicke auf Teich und Garten gewährt, wobei kugelrunde Schwimmleuchten die Szenerie auch an langen Sommerabenden in stimmungsvolles Licht tauchen.

Plattform ungewöhnlicher Sinnesfreuden

Inseln umgibt immer das Flair des Außergewöhnlichen, sogar wenn sie selbst wie dieses Holzdeck nichts Geheimnisvolles und Unbekanntes zu entdecken versprechen. Es ist eher ihre Lage im Wasser, die ihren ganz eigenen Reiz ausmacht. Ungeschützt und nach allen Sitzen hin einsehbar liegt diese Plattform voll im Blickfeld. Deshalb sollte sie attraktiv gestaltet werden, selbst dann, wenn dank niedrigem Wasserstand Schilf und Röhricht die Insel rahmen und den Belag verdecken oder wenn Kübelpflanzen auf dem Deck die blanke Fläche auflockern. In diesem Beispiel fügen sich acht Holzpaneele, die durch ein Lattenkreuz zusätzlich Struktur erhalten, um ein zentrales Achteck zu einem ornamentalen Bodenmuster zusammen. Da der Aufwand für ein solches Inseldeck nicht unbeträchtlich ist, sollte man der Langlebigkeit zuliebe beim Holz keine falschen Einsparungen machen. Die Qualität von Teakholz, das hier zum Einsatz kam, erreicht von unseren heimischen Hölzern nur thermobehandelte Buche (Thermoholz mit Dauerhaftigkeitsklasse 1). Auch Eiche und Robinie eignen sich neben anderen teuren exotischen Harthölzern für Beläge in Wassernähe.

Luftig, leicht und unprätentiös – die Gestaltung des Sitzplatzes

Damit Basis und Mobiliar optisch eine Einheit bilden, wählte man für Tisch und Stühle die gleiche Holzart. Dadurch verschmelzen sie mit der Insel optisch zu einer Einheit und sind wie diese wetterfest. Mit ihrer luftig-leichten Ausführung fügen sich Stühle und Tisch dezent und anmutig in die natürliche Gartensituation ein, ohne von der prächtigen Teichrand-Bepflanzung abzulenken. Zugunsten einer Rundum-Sicht verzichtete man bewusst auf Rückendeckung und Sichtschutz für die Insel.

Tipps zum „Verankern“

Wer Trittsteine und Holzdeck selbst bauen möchte, erleichtert sich die Arbeit, wenn der spätere Wasserstand 20 bis 30 cm nicht überschreitet. Dann können nämlich die Natursteinblöcke und die Träger der Insel direkt in ein Mörtelbett auf der Teichfolie eingelassen werden. Ist der Untergrund allerdings weich oder soll der spätere Wasserstand höher sein, müssen für die Träger des Decks und für die Trittsteine zuvor unter der Folie Betonfundamente in den Boden eingelassen werden.

Garten-Design: Konrad Wittich, D

Foto: Jürgen Becker

Sonnenbad am Lac Privé

Wer sich am eigenen Pool öfters einmal auf Kurzurlaub vom Alltag begeben möchte, sollte dafür Liegemöbel auswählen, die in Stil und Funktion zum architektonischen Ambiente passen sowie mit einem Höchstmaß an ergonomischem Komfort verwöhnen.

Einfluss der Architektur auf Stil und Funktion der Möbel

Der Swimmingpool rechts liegt im rechten Winkel des Gebäudekomplexes. Nach den beiden anderen Seiten hin stehen großzügige Rasenareale zur Verfügung, die für Liegeflächen wie geschaffen sind, während sich der linke, etwas schmalere Beckenrand auch für eine Sitzgruppe anbietet, da Stuhl- und Tischbeine auf dem soliden Holzplankenbelag einen sicheren Stand finden. Um beim Relaxen der Sonne ganz nach Wunsch folgen oder ausweichen zu können, wird man deshalb fahrbare Liegen bevorzugen, die darüber hinaus in ihrem Material und Stil in das relativ natürliche Ambiente von Rasen und Gehölzen passen. Eine gute Wahl traf man hier mit den fahrbaren Teakholz-Liegen, die absolut wetterfest sind und massiv genug, um im Rasen nicht zu versinken. Mit ihrem Holzton passen sie wunderbar unter das breite Laubdach des mehrstämmigen Baums oder vor die große, überdachte Holzpergola mit ihren romantischen Kletterpflanzen. Der massige Korpus der Liegen stört in diesem Umfeld nicht, sondern belebt sogar als plastischer Gegenpol die horizontalen Flächen von Wasser und Rasen. In einem anders gearteten Umfeld hingegen, in dem die bauliche Struktur den Schwerpunkt bildet oder bei dem sich hinter dem Pool ein herrliches Panorama entfaltet, könnten die mächtigen Holzliegen die Intention verschleiern oder die Sicht verbauen. In solchen Fällen empfehlen sich oft elegante Metall-, Kunststoff- oder minimalistische Flechtliegen.

Komfortable Liegen – eine Anschaffung fürs Leben

Haben sich nach den Grundsatzüberlegungen bereits Vorstellungen über Material und Stil des Mobiliars herauskristallisiert, sollten Sie in diesem Rahmen nach Modellen suchen, die obendrein auch Ihren Freizeitwünschen entsprechen. Fahrbare, wetterfeste Liegen erweisen sich als flexibel und praktisch, denn man kann sie unabhängig vom Wetter einfach dort stehen lassen, wo sie gerade sind. Darüber hinaus sollten die Liegemöbel auch variabel einstellbar, bequem und funktional sein. So verwandelt sie eine aufstellbare Rückenlehne zum Beispiel im Nu in ein Sitz- oder Liegemöbel. Ein hochklappbares Fußteil macht müde Beine wieder munter oder unterstützt, wenn auch eine Abwinkelung in der Mitte möglich ist, die Knie beim Sitzliegen. Bedenken Sie auch, ob Sie auf Armlehnen verzichten möchten oder nicht, denn sie geben beim Aufstehen, Sitzen und Liegen angenehmen Halt. Praktisch sind Modelle, bei denen man die Armlehnen wegklappen oder abschwenken kann, sodass sie beim Hinlegen und Aufstehen nicht stören. Manche Liegen bieten last but not least auch ein zu montierendes Tablett oder Sonnendach an.

Garten-Design: David Seeler & Ngaere Macray, USA
Garten: „The Bayberry“, Long Island, USA
Foto: Gary Rogers

Erholungs-Deck – Badewonnen inbegriffen

Viel Platz steht in diesem ausgedehnten Landschaftsgarten auch dem Schwimmteich zur Verfügung, der sich noch weit nach rechts erstreckt. Links begrenzt ihn eine Reihe mächtiger Trittsteine, die zur spannenden Überquerung einladen und hinter denen sich der für die Selbstreinigung dicht mit Repositionspflanzen besetzte Regenerationsbereich befindet.

Der versetzte Grundriss

Der Schwimmteich lässt sich an diesem Kombi-Sitzplatz aus verschiedenen Distanzen genießen. Die Voraussetzung dafür schafft das Holzdeck, das mit seinem zweigeteilten, versetzten Grundriss unterschiedliche Nutzungsmöglichkeiten anbietet und dennoch optisch aus einem Guss erscheint. Da ist zum einen der weit in den Teich hinausragende Badesteg, der über eine Einstiegsleiter zum Schwimmen einlädt und danach in unbeschatteter Breite Liegeflächen bereithält, sei es zum Trocknen oder zum Sonnenbaden. Im gleichen Material und Stil gefertigt ist das im rechten Winkel versetzt anschließende Sitzdeck, das sich ganz auf dem Trockenen befindet. Von Bambus umsäumt, bietet es ausreichend Platz für zwei bequeme Adirondack-Sessel mit Tischchen und hat sich damit der stillen, beschaulichen Rekreation verschrieben. Hier kann man je nach Tageszeit in Sonne oder Halbschatten in optischer Zurückgezogenheit lesen und träumen, den Blick auf den Teich genießen oder Kinder beim Badevergnügen beaufsichtigen.

Garten-Design: Uwe Krebs, D

Garten: Krebs, D

Foto: Nik Barlo jr.

Fernost-Salon mit Seeblick

Von keinem anderen Ort lässt sich Wasser schöner genießen als von einem etwas erhöhten Sitz- oder Liegeplatz aus. Je natürlicher der Teich angelegt ist, desto eher sind Holzdecks dafür die erste Wahl. Vor einer solchen Holzplattform breitet sich auch dieser große, frei gestaltete Zierteich aus, der nicht nur mit seiner malerischen Randbepflanzung, sondern auch mit Seerosen und Goldfischen ein Paradies zu entdecken verspricht.

Gestaltungstipps für Holzdecks über dem Teich

Bereits bei der Planung kommt es darauf an, Deck- und Teichfläche in Größe und Lage harmonisch aufeinander abzustimmen. So verspricht ein großes Deck zwar großen Gartengenuss, indem es Platz für ein komplettes Sitz-Ensemble bietet und möglicherweise auch noch Liegeplätze offeriert, kann aber ein zu kleines Gewässer in seiner Wirkung völlig erdrücken. Stimmen Sie also Wasser und Deck in ihren Proportionen aufeinander ab. Ferner sollten Sie das Deck auch in Form und Lage in Bezug zu Größe und Lage von Teich und Garten setzen. Meist geht es dabei um die Entscheidung, ob das Deck eher wie ein Steg am Teich entlang oder in ihn hinein verläuft oder sich als erhöhtes Podest etwas über das Wasser schiebt. In jedem Fall wird man aus Gründen der Trittsicherheit geriffelte Planken wählen und diese quer zur Hauptgehrichtung verlegen.

Die Funktion der Pflanzen

Höhere Sumpfpflanzen und Pflanzen am Teichrand sollten Deck- und Wasserfläche miteinander verknüpfen. Ob Holzdeck oder Holzterrasse, sie binden das Podest in das Grün des Gartens ebenso ein, wie Seerosen und Wasserpflanzen die Wasseroberfläche. Besonders malerisch sehen auch übergeneigte oder überhängende Solitärgehölze daneben am Teichrand aus, wie rechts der weißblühende Trompetenbaum (*Catalpa bignonioides*). Damit die Sitzfläche selbst, die über das Wasser hinausreicht, nicht kahl und uncharmant wirkt, empfiehlt es sich, auch sie mit Pflanzen in dekorativen Kübeln oder Topfarrangements zu beleben.

Das Mobiliar als dominierendes Element bestimmt das Kolorit

Die Teichterrasse rechts illustriert exemplarisch die erstaunliche Ausdruckskraft, mit der Möbel und Ambiente durch Material und Stil eine ganze Gartensituation prägen können. Ohne Sitzgarnitur, Textilien und Papierschirm trägt dieser Garten keine typisch asiatischen Züge. Die Sessel jedoch mit ihrem erlesenen Rattangeflecht und dem nostalgischen Kolonialstil können ebenso wie der Stoff von Tischdecke und Sitzkissen und vor allem der Sonnenschirm aus Reispapier ihre Herkunft aus Fernost nicht verleugnen. Gemeinsam tauchen sie das Gartenbild in ein Fluidum wie aus dem Land des Lächelns mit einem Hauch Fernost.

Garten: Gerlach, D

Foto: Jürgen Becker

Spa-Pavillon im Wellness-Garten

Das Krebsforschungszentrum Großbritanniens hat diesen mit einer Goldmedaille ausgezeichneten Garten für die Chelsea Flower Show 2006 in Auftrag gegeben und möchte damit drei zentrale Botschaften unterstreichen: Halten Sie sich in Form! Essen und trinken Sie gesund! Vermeiden Sie zuviel Sonne! Was lag da näher, als dass das Garten-Design Wellness und körperliche Ertüchtigung thematisiert.

Ein Pavillon über dem Pool

Quer über den ganzen Garten reicht dieser an einen zusammengedrückten Kreis erinnernde, ungewöhnliche Freizeit-Pavillon. Er ruht auf einem schmalen, langen, türkisfarbenen Swimmingpool, der stufig in den Garten integriert ist. Während dieser rechts auf Bodenhöhe abschließt, wurde das Terrain an seiner Längsseite abgetragen, sodass die lange Beckenwand weit über das Niveau des Gartens hinausragt und sich eine vielfältige Bepflanzung daran anlehnen kann. Hinter diesem offenen Pavillon schließt sich zur Gartengrenze hin in Pool-Breite ein Whirlpool an. Die Botschaft ist deutlich: Schwimmen macht nicht nur Spaß, sondern ist auch für jede Altersstufe gesund, ebenso wie die Nutzung des Whirlpools.

Zum Ausruhen und Trocknen stehen jedoch weder die üblichen Decks noch Sonnenflächen zur Verfügung. Da direkte Sonne aufgrund der Ozonlöcher nur noch in Maßen genossen werden soll, legt der Designer Andy Sturgeon ein luftiges, leicht schattiertes Freizeit-Plateau an. Zwischen massiven Holzbalken halten Holzlatten im gleichen Abstand die Sonne weitgehend ab. Am Boden hingegen ersetzen Sandsteinplatten die Leisten und sorgen zugleich mit ihrer natürlichen rauen Oberfläche für Trittsicherheit auch bei Nässe.

Ruheinsel mit Liegekomfort

Auf diese Elemente beschränkt sich die Ausstattung des minimalistischen Pavillons, der dank seiner großen Grundfläche aber auch noch genügend Platz für eine Sitzgruppe böte. In diesem Beispiel definieren ihn jedoch nur formvollendete Liegen als ästhetischen Ort der Muße und Entspannung. Wie der extravagante Pavillon sind auch die faszinierenden Liegemöbel auf ergonomische Minimal-Funktionen reduziert. Es handelt sich dabei um „Wave", eine Outdoor-Chaiselongue des italienischen Designers Francesco Rota aus dem Jahre 2003, die auf drei Positionen verstellbar ist. Sie wird in der Aqua Collection von Paola Lenti, Italien in neun Farben produziert. Exklusiv für diese elegante Liege entwickelte Paola Lenti in Pionierleistung Hightech-Garne, die sie für die Nutzung in Pool-Bereichen prädestinieren, sodass die Bezüge der Liegen wasserundurchlässig, unanfällig für Schimmelbildung, resistent gegen Chlor, Salzwasser und UV-Strahlen und darüber hinaus antiallergisch, ungiftig und antibakteriell sind.

Garten-Design: Andy Sturgeon, GB
Garten: Chelsea Flower Show 2006, GB
Foto: Gary Rogers

Blaue Stunde im Spannungsfeld der Elemente

Die Nähe von Wasser und Feuer zugleich sucht dieser Sitzplatz, dessen leicht erhöhte Position auf dem Holzdeck einen malerischen Blick über den großen Zierteich und auf seine spiegelnde Oberfläche gewährt, während ein seitlicher Feuerofen die aufsteigende abendliche Kühle ausgleicht oder zum Grillen einlädt.

Kurzer Steg – umpflanzter Rahmen

Immer wieder geht es bei Sitzplätzen darum, ihnen das Flair der Geborgenheit zu vermitteln. Ein Halbrahmen, der Rückendeckung, Wind- und Sichtschutz bietet und auch seitlich abschirmt, ist ein bewährter Kulissenzauber, der sich auf vielfältigste Weise realisieren lässt. Welche Möglichkeiten sich jedoch jeweils konkret anbieten, ergibt sich immer aus der Lage und den örtlichen Räumlichkeiten des Freizeitdomizils. Im Garten rechts verlegte man den Sitzplatz auf ein Holzdeck, das zwar ein wenig über den Wasserspiegel hinausreicht, aber im Kern den Übergangsbereich zwischen Wasser und Land belegt. Dies bringt gleich zwei Vorteile mit sich: zum einen eine geschickte Nutzung des Raums und zum anderen die Ersparnis eines eigenen Geborgenheits-Rahmens auf der Plattform, da er bereits in der Gartenbepflanzung angelegt ist. Wie ein Kragen legt sich eine Bambus-Hecke (rechts) und Riesen-Chinaschilf (*Miscanthus floridus,* links) um das Podest, dem, selbst wenn ein Sonnenschirm fehlt, eine mit duftendem Lavendel unterpflanzte Kugelrobinie (*Robinia pseudoacacia* 'Umbraculifera') als Höhenelement Räumlichkeit verleiht. Den grünen Rahmen vollenden seitlich Pflanzen in Töpfen, ohne jedoch durch übermäßige Höhe den Blick zu verstellen.

Der Sitzplatz als Blickfang

Die Gestaltung begnügt sich aber nicht damit, ein Refugium des Gartengenusses zu schaffen, sondern zielt auch darauf ab, es als attraktiven Blickfang vom anderen Teichufer her in den Garten zu integrieren. So binden die eingetopften Pflanzen auf dem Deck die Aussichts-Plattform gefällig in den Garten ein. Und den selbst gebauten Möbeln kommt die Aufgabe zu, sich als malerischer Hintergrund am Teich zu bewähren. Ihr leuchtendes Blau zieht den Blick auf sich und findet im Wasserspiegel ein Pendant. Sogar die Bambushecke erhielt ein ausgefeiltes Styling, indem man ihren kahlen Fuß mit üppigen Taglilien (*Hemerocallis*-Hybriden, rechts) unterpflanzte.

Tipp: Der Vorteil von Feueröfen

Feueröfen sind mobile Wärmespender und Grill in einem, die durch ihren erhöhten Stand auch Holzbelägen nicht schaden. Mit ihrem wärmenden Feuer verlängern sie die Saison im Freien und ermöglichen köstliche Grilladen.

Garten-Design: Wolfgang Bahls, D

Garten: Bahls, D

Foto: Nik Barlo jr.

Sitzplätze auf variablen Höhen

Sitzplätze auf unterschiedlichen Höhen lassen den Garten aus variablen Blickwinkeln erleben und sind durch recht verschiedene Stimmungslagen geprägt. Ob abgesenkte Terrasse oder tiefer liegender Sitzplatz, diese eingebetteten Refugien zeichnen sich durch eine unvergleichliche Atmosphäre von Geborgenheit und sinnlicher Intensität aus. Erhöhte Sitzplätze bieten hingegen oft einen schönen Weitblick, aber wenig Privatheit, wenn sie nicht durch einen Sicht- und Windschutz gerahmt werden.

Das Beispiel rechts zeigt einen brillanten Lösungsvorschlag, wie sich eine kleine Terrasse mit anschließendem Hanggrundstück dennoch erweitern lässt. Man vergrößerte die Terrasse fast über die ganze Breite des Grundstücks durch Abstechen des Hangs. Um die vorgegebenen Flächenproportionen von Terrasse und Garten jedoch möglichst zu wahren, trug man die Erde nicht großflächig für eine komplette Sitzgruppe ab, sondern nur für eine stufig eingelassene Bank, die dann mit Tisch und Stühlen zu einer neuen Sitzgruppe komplettiert wurde. Den anfallenden Aushub nutzte man zum Einebnen des restlichen Gartens und für eine seitliche Aufschüttung. Die Terrasse gewinnt optisch zusätzlich an Größe durch den einheitlichen Holzbelag aus Querplanken und senkrechten Streben, der vom Boden in die Hangverschalung für den Sitzplatz nahtlos übergeht.

Garten-Design: Uwe Isterling und Partner, D

Foto: Nik Barlo jr.

Luxus-Dependance „alfresco“

Ein Wunder ist es nicht, dass komplette Wohnkonzepte für ein Leben im Freien („alfresco“) in Ländern entstehen, in denen sich luxuriöser Outdoor-Lifestyle auch klimatisch lohnt. Aus Australien stammt dieses wohnlich abgesenkte Luxus-Resort, das Teil einer Mehrzimmerwohnung ist und den Garten auf Split-Level-Manier unterteilt. So schließt sich rechts an die Wohnzimmer-Wand eine holzüberdachte Freiluft-Küche mit Kühlschrank, Spüle und Küchenschränken an, deren Zentrum ein großer Esstisch mit einer eingelassenen Teppanyaki-Kochplatte bildet, die nach fernöstlichem Vorbild Kochen und Speisen in geselligem Miteinander erlaubt. Daneben gibt es noch einen weiteren Essplatz mit vertikalen Wasserspielen sowie einen Spielplatz für Kinder mit Sandkasten und Wandtafel. All diese „Zimmer“ verbindet fließendes Wasser, das in Rinnen, in Wasserspielen oder als glasklarer Wasserschwall die Wohnwelt optisch und akustisch erfrischend belebt.

Ein maßgeschneidertes Wohnzimmer

Im Zentrum des Garten-Ensembles liegt das Outdoor-Wohnzimmer, das großzügig Platz für geselliges Miteinander mit Familie und Freunden bietet und dabei mit vielen Elementen Wohnzimmeratmosphäre heraufbeschwört. Das beginnt mit dem Holzbelag des Bodens, der den Freizeitraum auch optisch mit Behaglichkeit und Wärme erfüllt. Zwei mit Naturstein verkleidete Wände werden, wie in Indoor-Bereichen üblich, für dekorative und praktische Zwecke genutzt. So ziert die Rückwand links ein Spiegel, der sie abwechslungsreich strukturiert und mit dem Spiegelbild ein farblich optimal passendes Dessin wiedergibt. Die hohe Wand rechts hingegen birgt in geometrischen Formen ein Rundfenster mit Ausblick ins Grüne, darunter einen großen, rechteckigen Kamin, der den Aufenthalt im Freien in kühle Zeiten hinein verlängert, sowie einen dekorativen Blickfang, der die Wand mit warmen Holztönen auflockert und sich zugleich als Holzdepot für den Kamin bewährt. Zu den beiden anderen Seiten hin wird das Wohnzimmer von dauerattraktiven immergrünen Pflanzen wie Buchs (*Buxus sempervirens*) und der bei uns nicht winterharten Flachslilie (*Dianella caerulea*) und mit einer daran entlangführenden Wasserrinne eingerahmt. Den Höhepunkt des eleganten Sitting-rooms bildet jedoch zweifellos das komfortable Sitz-Ensemble, in dessen hellen Polstern man genussvoll versinken kann und das im offenen Karree mit einem großzügigen Platzangebot für Unterhaltung und Gespräche, aber auch für stille Mußestunden verwöhnt.

Outdoor-Polstermöbel in kubistischem Design auf Modul-Basis

Beim Mobiliar entschied man sich für die hochwertige „Lounge“-Collection von Dedon. Die Flechtmöbel passen sich mit ihren kubistischen Sitzelementen formvollendet der Räumlichkeit an und sind dank der wetter- und UV-resistenten hularo-Kunststofffaser auch für Außenbereiche optimal geeignet (www.dedon.de).

Garten-Design: Dean Herald, Australien
Garten: Chelsea Flower Show 2006, GB
Foto: Gary Rogers

Urbanes Luxus-Resort mit Outdoor-Lounge

Wie eine Bühne erhebt sich das architektonische Freizeitmodul aus Outdoor-Räumen im Split-Level-Design und Wasserwelt über den Garten. Während im klassisch-traditionellen Garten das Ensemble von überdachtem Sitzplatz und Wasser sich meist in Form eines Pavillons am Teich konkretisiert, bevorzugt man in zeitgenössischen Gärten oftmals eher städtischen Chic und Funktionalität. So sind auch die Kennzeichen dieses Hot Spots sein minimalistisches Design, klare Linienführung und kräftige Farbakzente bei reduzierter Bepflanzung.

Bühne frei für Mußestunden und Entspannung

Fast über die ganze Länge dieser überdachten Outdoor-Residence erstreckt sich parallel dazu auf gleichem Niveau ein schwarz getöntes Wasserbecken, das sich am Ende, wie das Deck des Sitzplatzes, in weicher Rundung vertikal als Wand nach oben biegt. Dieses konkave Gefälle wird beim Becken für sanft herabrinnendes Wasser genutzt, das in der Dämmerung installierte Strahler auf faszinierende Weise hervorheben. Das Wohnen im Freien findet in diesem Ensemble gemäß seiner unterschiedlichen Nutzung auf zwei Ebenen statt: Da gibt es einmal die mit dem Beckenrand abschließende Liegefläche und zum anderen das über Stufen abgesenkte Outdoor-Wohnzimmer mit seinen Bänken/Polstertruhen und dem offenen Kamin, der in den massiven, überwölbenden Korpus eingelassen ist. Stützen und Verbindungsträger intensivieren das Raumgefühl und erinnern etwas an eine massige Pergola. Als Rückwand dient diesem Freizeit-Center vorwiegend jedoch eine Schnitthecke, während Lochgitter in orientalischem Muster die Decke bilden. Viel Wert legt die Gestaltung darauf, den Aufenthalt im Freien zu verlängern. Dies ermöglicht zum einen der heizbare Kamin und zum anderen die Beleuchtung, die dann besonders gelingt und dem Ambiente völlig neue Reize abgewinnen kann, wenn sie von Anfang an mitberücksichtigt wird. In diesem Beispiel erhält der Sitzplatz nur indirektes Licht, während Wand, Kamin und Hecke links durch Wandstrahler hervorgehoben werden. Auch der Liegeplatz ist in das weiche, diffuse Licht des elektrischen „Fiberglas-Vollmondes“ und der Strahler am Wasserfall getaucht.

Das Ambiente und seine Hersteller

- Das flammend-orangerote Mobiliar entwarf der italienische Designer Francesco Rota 2003. Es ist Teil der Aqua Collection von Paola Lenti und dank seiner neuen Faser resistent gegen Salz, Chlor, UV-Licht und Schimmel. Der Lounge-Chair „Sand“ kann zweifach verstellt werden, das Sunbed „Surf“ sogar dreifach. Erhältlich im Internet bei zahlreichen Anbietern.
- Die Fiberglas-Pendelleuchte „Random Light“ fasziniert durch ihren magischen 3D-Anblick. Sie wurde von Bertjan Pot (2002) für die niederländische Firma moooi entworfen und ist bei zahlreichen Anbietern in drei Größen (Ø 110 cm, Ø 80 cm, Ø 50 cm) in Weiß und Schwarz erhältlich.

Garten-Design: Jack Merlo, Australien
Garten: Chelsea Flower Show 2005, GB
Foto: Gary Rogers

Sitzplätze am und im Senkgarten

Senkgärten sind in der Regel um 0,5 m bis 2 m abgesenkte Gartenbereiche in der Form eines Rechtecks, eines Ovals, eines Kreises oder eines Medaillons. Sie sind häufig von Mauern oder Schnitthecken eingerahmt und von Sitzplätzen und Terrassenbeeten, die jeweils von Futtermauern abgestützt werden, gleichmäßig umgeben. Bereits um die Mitte des 16. Jahrhunderts errichtete man in Hampton Court einen der ältesten Senkgärten, der nach dem in seiner Mitte liegenden Wasserbecken „pond garden" genannt wurde. Immer wieder lassen sich seitdem diese für England typischen abgesenkten Gartenbereiche nachweisen, für die er Vorbildfunktion besaß. Erst um die Jahrhundertwende, zwischen 1901 und 1910, entwickelte Edwin Lutyens so viele dieser abgesenkten Gartenteile, dass sie zu einem beliebten Konzept wurden. Auch Karl Foerster (1874–1970) verwirklichte die Idee in seinem Privatgarten in Potsdam-Bornim.

Refugien meditativer Innenschau

Generell lässt sich der Reiz von Sitzplätzen auch daran ausmachen, wohin sie den Blick lenken. So kann sich das Auge beispielsweise von Blickachsen leiten lassen und auf dieser optischen Fährte über den Garten hinaus ins Weite schweifen. Es kann aber auch vom Sitzplatz aus durch die Platzierung eines bemerkenswerten Highlights zu einer bestimmten Blickrichtung verführt werden, sei es nach rechts oder links, nach oben oder unten.

In einem abgesenkten Garten hingegen stellt sich eine besondere Atmosphäre der Geborgenheit und Intimität ein, bei der sich alle Wahrnehmung nach innen auf das Zentrum des Gartens konzentriert. Dafür wählt man häufig, wie in diesem Beispiel, ein Wasserbecken, es kann aber auch ein Blumenbeet, ein Parterre, eine Sonnenuhr, eine Vogeltränke oder nur eine Rasenfläche sein. Für einen Sitzplatz abgesenkte Gartenteile sind auch besonders für kleine Gärten zu empfehlen, da sich durch die Bodenmodulation oder die Terrassierungen die Pflanzfläche vergrößert.

Sinnesfreuden und Gartenwonnen

Terrassierungen mit Mauern und Pflaster aus Klinkern verleihen diesem Senkgarten nicht nur ein sehr ruhiges, einheitliches Gepräge, sondern auch ein spezielles Wohlfühlklima. Die Klinker speichern tagsüber die Sonnenwärme und geben sie in der Abendkühle langsam wieder ab und die mobilen Teakstühle lassen sich nah an die spiegelnde Wasseroberfläche oder auch an die mit Stauden, Kräutern und Duftpflanzen bestückten Terrassenbeete heranrücken. In traditionellen Senkgärten findet man oft Bänke vor den wärmenden Stützmauern oder in sie integrierte Sitzplätze, die es erlauben, die Pflanzen in Nasen- und Augenhöhe zu genießen. Vom Sitzplatz auf der oberen Etage hingegen erschließt sich das grafische Konzept des Senkgartens mit seinen konzentrischen Kreisen von abgesenktem Plateau und Becken.

Garten-Design: Inez und Franz Arnolds, NL

Garten: Arnoldshof, NL

Foto: Jürgen Becker

Ein Baumhaus als Dichterklause

Als Quelle der Inspiration und Ort ungestörter Kreativität wurde dieses Baumhaus entworfen, sozusagen als Ideenschmiede abseits vom Trubel des Alltags und der Familie für einen Angehörigen der schreibenden Zunft. Zweifellos lässt ein solch erhöhter Sitzplatz aber jedermann sein grünes Reich aus einem neuen Blickwinkel und vielleicht sogar mit einem weiten Ausblick in die Umgebung genießen. Vor allem aber werden auch Kinder einen Abenteuerspielplatz mit solch herrlicher Rückzugsmöglichkeit begeistert in Besitz nehmen.

Romantisches Wolkenkuckucksheim

Gleich mehrfach der Welt entrückt ist dieses Baumhaus, das in seiner soliden Ausführung schon an einen Pavillon erinnert. Mitten auf einer von einem kleinen Burggraben umgebenen Insel scheint es eher einer Märchenwelt als dem Alltag entsprungen zu sein. Hinzu kommt, dass das luftige Domizil auch zwischen Erde und Himmel, also sozusagen im Reich der Fantasie angesiedelt ist. Aber natürlich stehen hinter diesen Vorstellungen konkrete gestalterische und bauliche Konzepte. Von seiner Gestaltung her ist das kleine Heim ein überdachter Sitzplatz, der sich über ein kreisrundes Niveau erhebt und als markantes Höhenelement zum dominanten Blickfang und Zentrum des Gartens wird. Es steht damit in der Tradition der Belvederes und „Observatorien“ des 18. und 19. Jahrhunderts, jenen auffälligen Konstruktionen in den unterschiedlichsten Stilen, von denen man besondere Ausblicke in die Umgebung genoss. Baumhäuser sind fast immer fantasievolle Schmuckstücke, die oft auch in kleine Gärten passen, da sie, wie dieses Beispiel zeigt, wenig Grundfläche benötigen. Die runde Insel der Dichterklause ist von einer Wasserrinne umgeben. Damit das Ufer von der Gartenseite aus bis zum Wasserrand begehbar ist, setzt es sich mit einer soliden Rollschicht ab. Die Insel ist nur über eine Trittplatte begehbar. Dort errichtete man auf einer alten Buche (*Fagus sylvatica*) das Baumhaus, das mit seinen geschwungenen Sprossen-Glastüren, dem schmucken Vierseitdach und dem umlaufenden Balkon mit dem dekorativen Geländer mit dem noblen Flair eines Pavillons bezaubert.

Einbindung in den Garten

Trotz seiner baulichen Substanz erweist sich das Baumhaus als kleines Pflanzenparadies. Darunter und zu seinen Füßen bilden attraktive Schattenstauden wie Funkien (*Hosta*), Farne und Salomonsiegel (*Polygonatum multiflorum*) mit unterschiedlichen Blattfarben und -formen eine lebhafte Basis, während auf der steilen Leiter und auf dem Balkon sonnenliebende Blütenpflanzen und Rosen frische Farbakzente eintupfen. Das vielfältige Pflanzensortiment rund um das luftige Domizil vernetzt es mit dem Grün des umliegenden Gartens und verhindert dadurch, dass es trotz seiner exponierten Lage und seiner architektonischen Prägnanz wie ein Fremdkörper im Garten wirkt.

Garten-Design: Bunny Guinness, GB
Garten: Chelsea Flower Show 1995, GB
Foto: Gary Rogers

Als Büroraum ist dieses Baumhaus gedacht, das einen Schriftsteller in der benötigten Abgeschiedenheit beflügeln soll.

Sitzen und Wohnen im Split-Level-Design

Was tun, wenn kaum Platz für die Terrasse ist, weil sich der anschließende Garten als ansteigender Hang erweist? So oder ähnlich könnte die Fragestellung gelautet haben, die die Besitzer des Gartens rechts einmal bewegte.

Stützmauern zur Vergrößerung der Terrasse

Wie bei einem Reihenhaus erstreckt sich dieser Garten über die ganze Breite des Hauses. Um möglichst viel Platz für die Terrasse zu gewinnen, wurde der Hang über die ganze Breite abgestochen. Den anfallenden Aushub nutzte man zum Einebnen des hinteren Gartenteils. So entstanden zwei größtmögliche horizontale Flächen, die man mit Stützmauern aus grob behauenem Sandstein befestigte, während man die Treppen und seitlichen Stützmauern aus Beton fertigte. So finden nun im oberen Garten unter dem verlängerten Dach eines Carports auch Fahrräder einen Unterstellplatz, während man daneben im Schatten der rosenberankten Mauer Rückzugsmöglichkeiten auf dem Rasen findet. Die unten liegende Terrasse am Haus hingegen gewinnt durch die Anböschung das heimelige Flair eines abgesenkten Gartens. Sie bietet viel Platz zum Sonnen und für Geselligkeiten. Einladend warten bereits wetterfeste Freizeitmöbel mit einem ausklappbaren Tisch. Sie bestehen aus Teak und Stahl und sind wie die Kissenauflagen in Design und Ausführung ein Produkt von Robinson-Wohnen (Modell „Xylophon", www.robinson-wohnen.de).

Garten-Design: Fa. Siebert, D

Garten: Tenberg, D

Foto: Nik Barlo jr.

Magische Arena mit meditativem Zentrum

Wie auf das magisch wirbelnde Zentrum des geheimnisvollen Mahlstroms senkt sich der Sitzplatz dieses kleinen Gartens ab, um dann in schwungvollem Verlauf aus der Stützmauer in eine Sitzmauer abzuzweigen.

Der Sitzplatz als Teil der Höhenmodellierung

Je kleiner Gärten sind, umso vorteilhafter erweist sich das Spiel mit Höhenunterschieden. Dies bewahrheitet sich auch in diesem Miniaturgarten mit seinem schwungvollen, tief abgesenkten Schnecken-Design. Auf normalem Niveau beginnt der geschweifte Weg mit dem polygonalen Plattenbelag, wird jedoch, je weiter er zum Zentrum des tief liegenden Sitzplatzes vorstößt, von umso höheren Schiefermauern gesäumt. Auf den Mauerkronen der Gerüst bildenden Kleinarchitekturen geben aromatische Stauden und Gräser in vorwiegend blauvioletten und silberlaubigen Tönen das ursprüngliche Bodenniveau vor und hüllen den Ort in feinwürzige Düfte. Die Stützmauern säumen in eleganter Rundung den Sitzplatz, dessen kunstvoller Bodenbelag sich spiralig auf das Wasserauge im Zentrum zuschraubt. Dabei geht von ihnen nicht nur eine plastische, sondern dank ihrer rondellartigen Führung und der wie zielgerichtet aufgeschichteten Schiefersteine auch eine dynamische Wirkung aus. Diesen Effekt verstärkt noch das Ammoniten-Ornament des Bodenbelags, bei dem sich sowohl der polygonale Plattenverband wie die hochkant verlegten Schieferkiesel verjüngend einrollen. Als sei sie vom magischen Zentrum angezogen, löst sich die Steinbank aus dem Schwung der Stützmauer, behält jedoch bei Korpus und Sitzauflage die gleichen Materialien bei. Diese kleine Arena mit ihrem magischen Wirbel im Zentrum erscheint durch die hoch aufragenden Sichtschutzelemente aus Weidengeflecht doppelt tief eingesenkt, sodass sie an eine geheimnisvolle Orakelstätte erinnert mit einem Zugang in eine andere Welt.

Das suggestive Wasserauge

Das bewährte Gestaltungskonzept für kleine, grüne Paradiese kommt in diesem Garten zu ausdrucksstarker Anwendung. Es lautet: Abschottung nach außen und Attraktionen im Inneren, die Auge, Sinne und Fantasie beschäftigen. In diesem Beispiel ist der gesamte Garten mit all seinen Elementen auf die Inszenierung des kleinen Wasserwirbels ausgerichtet, der den Blick von jeder Stelle aus magisch anzieht. Es handelt sich dabei um einen runden, tiefen Edelstahltank mit Zufluss, Abfluss und Pumpe, dessen Rand vom Plattenbelag geschickt überdeckt wird. Das Wasser tritt seitlich im flachen Winkel aus, um dann in der Mitte wieder abzufließen. So entsteht der sogartige Wirbel, von dem eine hypnotisierende Wirkung ausgeht. Im Bau ist dieses Wasserspiel so wenig aufwändig wie ein Quellstein, da es sich um einen geschlossenen Wasserkreislauf handelt, der keine eigene Zuleitung benötigt.

Garten-Design: Bespoke Landscape Design & Build, GB
Garten: RHS Flower Show at Tatton Park 2004
Foto: Gary Rogers

Gartenzimmer und Biotektur der Sinne

Über einen stufig sich absenkenden Mittelweg betritt man diesen Garten, dessen Thema „The bigger picture“ wohl auf die vier hintereinander angeordneten, massigen „Holz-Passepartouts“ Bezug nimmt, die rechts nicht alle zu sehen sind, deren Größe aber nach hinten zunimmt und damit immer größere Gartenbilder rahmt.

Garten der drei Ebenen

Auf drei höhenversetzten Niveaus findet dieser kleine Garten statt und gibt damit ein Beispiel für optimale Gartennutzung auf kleinem Raum. Dabei sind den Ebenen bestimmte Funktionen so zugeordnet, dass jede Plattform einen speziellen Gartenwunsch erfüllt. Die Basis des Gärtleins, der eingegrabene, abfallende Weg, der sich zu einem sich konisch verbreiternden Gartenzimmer öffnet, ist mit den Materialien Stein und Holz besetzt und dient der Nutzung durch den Menschen und seinem Gartengenuss. Massive Stützmauern säumen Weg und Sitzplatz, während Stufen und Bänke aus Holz gearbeitet sind. Zugleich fungieren die Mauerkronen der Stützmauern auch als Einfassung der mit farbenprächtigen Stauden und Gräsern reizvoll bepflanzten Hochbeete. Diese geben die zweite Etage des Gartens vor und offerieren eine Ebene des Floralen, auf der der Gartenliebhaber seiner Gestaltungs- und Pflanzenlust frönen kann. Aufbauend auf den Hochbeeten überbrücken vier massige, sich nach hinten zunehmend vergrößernde Holztore Weg und Sitzplatz. Das Material dieser dritten Ebene ist Holz, das damit eine farbliche Vernetzung zur Basis herstellt. Die einzelnen Pfosten beleben den Garten mit funkelnden Wasserspielen, erhöhen die Luftfeuchte und verwandeln ihn mit den aufliegenden Balken zum Raum. Ihr warmer Holzton schenkt Weg und Sitzplatz Geborgenheit, sodass sie wie unter einer Holzbalkendecke zu liegen scheinen.

Das abgesenkte Gartenzimmer als Ort der Sinne

Durch Höhenelemente diesem Garten Zimmercharakter zu verleihen, ist nur ein weiterer Gestaltungstrick, um ihn zum behaglichen Freizeitrefugium auszugestalten. Der gesamte Garten fordert in seiner Ausrichtung zum Durchschreiten der „Tore“ auf, um dann zum Höhepunkt zu geleiten, zum triangelförmigen Sitzplatz. Zurückgezogen und lauschig eingebettet sitzt es sich hier auf drei Holzbänken, die die Mauern flankieren und als Rückenlehne nutzen. Mit Polsterauflagen werden sie zu komfortablen Liegen, eignen sich aber genauso gut als Treffpunkt für gesellige Runden. Rings umgeben von blühenden und duftenden Stauden entpuppt sich das kleine Refugium außerdem als Sitzplatz der Sinne. Wie in einem Senkgarten blühen und duften die Gartenschönheiten in Augen- und Nasenhöhe, lassen sich aus nächster Nähe und aus ungewohnter Perspektive bestaunen – ebenso wie die herbeischwirrenden Gäste, seien es Schmetterlinge, Bienen, Hummeln oder andere Insekten, die von Blütenfarben und Duft angelockt werden. Als Begleitmusik untermalt das von den Holzsäulen tröpfelnde Wasser das Gartenidyll.

Garten-Design: Matthew Unwin, GB
Garten: RHS Flower Show Tatton Park 2005, GB
Foto: Gary Rogers

Gartenresidenzen der Schneekönigin

Nicht von ungefähr erscheinen uns Gärten im Winter häufig als leer, langweilig und unpersönlich. Dabei müssen sie mit den Blättern und Blüten nicht zwangsläufig auch ihre Ausdruckskraft und Atmosphäre verlieren. Neben Gehölzen und Gräsern bereichern auch Kleinarchitekturen, winterfestes Mobiliar und frostfester Gartenschmuck die winterlichen Gärten, verleihen ihnen Struktur, setzen belebende Akzente und verdichten ihre Ausstrahlung. Dabei werden sie selbst zum Spielball von Reif und Schnee, die sie mit Flocken und Eiskristallen märchenhaft verwandeln.

Winterromanzen und Reminiszenzen von Wohnlichkeit

Man stelle sich diese beiden Sitzplätze einmal ohne Mobiliar vor: Anstelle der malerischen Sitzgruppen bliebe dem sehnsüchtigen Gartenfreund nur das blanke Nichts. Es lohnt sich deshalb, bei der Auswahl von Gartenmöbeln deren Winterfestigkeit zu bedenken und sich nicht vom Argument, dass man sie bei Frost und Schnee sowieso nicht nutzt, von seinem Vorhaben ablenken zu lassen. Ob Stuhl, Bank oder Sitzgruppe – an fest installierten Plätzen sind sie meist auch als attraktiver Blickfang in den Garten eingebettet, sodass eingeräumte Möbel und Accessoires ein deutliches Loch hinterlassen. Bedenkt man ferner, dass sich in manchen Regionen der Winter bis zu einem halben Jahr hinziehen kann, ist unverständlich, weshalb so viele Gartenliebhaber auf diese Stimmungsträger freiwillig verzichten.

Das Beispiel rechts belegt, wie sehr witterungsstabile Möbel und Accessoires die Gartenstruktur sichtbar machen oder zumindest untermalen können. Die Höhenunterschiede in diesem Garten kämen im Winter kaum zur Geltung, würden nicht in der obigen Etage Mobiliar und frostfestes Winterdekor, wie Eisenlaternen, Steingussvasen und Flechtkugeln eine Vorstellung der räumlichen Verhältnisse geben. Auch der untere Sitzplatz macht den Gartenraum erlebbar und erzählt mit seinen wattierten Schneepolstern auf Tisch und Stühlen von vergangenen und künftigen Gartenfreuden.

Materialien für winterfestes Gartenmobiliar

- Naturstein, frostfester Beton- oder Steinguss
- Metall, wie Aluminium, Cortenstahl, Edelstahl, verzinkter Stahl, Guss- oder Schmiedeeisen
- Holz, wie Plantagenteak, Robinie, Eiche, thermobehandeltes Buchenholz
- Winterfester Kunststoff, wie zum Beispiel Mazalen
- Flechtmöbel aus Polyethylen-Fasern (z.B. Hularo) sind absolut frostbeständig; eine Abdeckung verhindert jedoch stärkeres Verschmutzen

Gartendesign: Joziasse, NL
Garten: Joziasse, NL
Foto: Jürgen Becker

Sitzplatz im Flächen-Design

Die geschickte Unterteilung eines Gartens mit Wegen, Beeten und Freiflächen legt die Basis für einen grünen Erholungsraum, dessen bezaubernde Optik sich mit der Möglichkeit zu vielseitiger Nutzung verbindet. Eine ebenso harmonische wie formprägnante Lösung zeigt dieser Garten, der in ein leicht abfallendes Gelände gleich zwei Sitzplätze integriert.

Ruhepol Rondell

Gartenbesitzer, die ihr grünes Reich entwerfen, unterteilen das Gartenareal in der Planungsphase gerne linear durch Wege, Treppen und Mauern, sodass die Flächen sich wie zufällig daraus ergeben. Die Alternative besteht darin, beim Entwurf einmal von Flächen auszugehen und dabei Fläche gegen Fläche zu setzen. Ein wunderschönes Beispiel gibt der Garten rechts, der zeigt, dass dieses Vorgehen auch in Hanglagen äußerst reizvolle Szenerien hervorbringen kann. Man terrassierte die Hangpartie durch zwei höhenversetzte Rondells, die eine Treppe miteinander verbindet. So entstanden am Hang gleich zwei runde Plätze, die zum Aufenthalt im Freien einladen. Ein einheitlicher Kiesbelag bündelt Weg, Plätze und Treppe zu einer optischen Einheit, die eine Einfassung aus Klinkern noch formprägnant unterstreicht. Die wie in einer Rollschicht hochkant verlegten Klinker bewirken, dass sich der Kies nicht in die Beete verteilt, dass die klaren Formen der Sitz-Arenen und der Stufen erhalten bleiben, und helfen als halbhohe runde Mauern sogar bei beiden Sitzplätzen, den Hang abzustützen. Damit erschöpfen sich ihre Funktionen jedoch noch lange nicht. Die sich schnell erwärmenden Klinkermauern bieten Sitzflächen en masse, man kann sie außerdem als Ablage nutzen und sie schenken beiden Freizeitrefugien einen Rahmen, der Geborgenheit vermittelt. So illustriert dieser Garten ein beispielhaftes Konzept, das Form und Funktion aufs Schönste miteinander verbindet. Die beiden so gleich gestalteten Sitzplätze unterscheiden sich jedoch in einer wichtigen Funktion: Während der obere Sitzplatz vorwiegend in der Sonne liegt und zum Sonnenbaden einlädt, spendet der untere im Schatten hoher Hecken angenehme Kühle.

Dauerattraktive Bepflanzung

Das feinsinnige Formenspiel käme ohne den kontrastierenden grünen Rahmen der Beete jedoch lange nicht so akzentuiert zur Geltung. Die Bepflanzung in den Beeten muss natürlich in erster Linie standortgerecht, zugleich aber auch möglichst dauerhaft attraktiv sein, damit der Rahmen keine unschönen „Löcher“ aufweist und man vom Sitzplatz aus in malerischen Pflanzenbildern schwelgen kann. Zum Einsatz kamen deshalb Pflanzen mit dauerhaften Strukturen, wie Gehölze, Buchskugeln (*Buxus sempervirens*), Efeu (*Hedera helix*), Iris (*Iris*), Taglilien (*Hemerocallis*), Storchschnabel (*Geranium*) und Funkien (*Hosta*).

Garten-Design: Claudia Wollkopf, D

Garten: Wollkopf, D

Foto: Ferdinand Graf Luckner

Rotunde funkelnder Wasserfreuden

Nur leicht ansteigend ist das Terrain in diesem weitläufigen Garten, aber es genügt, um ein großes Rondell für ein Refugium des Freizeitgenusses anzulegen, das sich in vieler Hinsicht am Vorbild von Senkgärten orientiert.

Senkgarten-Variante durch Terrassierung

Wie ein Plateau ist dieser kreisförmige Sitzplatz in den ansteigenden Garten eingelassen. Beim Betreten schließt er eben ans übrige Gartenniveau an, um sich dann tiefer einzugraben, damit er ein horizontales Bodenniveau hält. Eine Bruchsteinmauer aus regionalem Kalksandstein stützt den Hang ab und passt sich dabei mit zunehmender Höhe ans ansteigende Gelände an. Die Mauerkrone wurde mit humosem Boden ausgefüttert, sodass Stauden und Sommerblumen prächtig darauf gedeihen. Die Mitte der Arena belebt, inmitten eines Stein- und Kieskreises, ein Schaumsprudler, dessen Schauspiel und Wassermusik man von den Aluminium-Kippliegen aus sitzend wie liegend herrlich verfolgen kann. Wie ein Kraftzentrum ruht dieser Miniatur-Geysir auch im Zentrum der Blickachse, die mit großen Natursteinplatten einen Weg durch den Senkgarten zieht, um im hinteren Gartenteil im verlockenden Gras bei einer blauen Bank zu enden. Passend zum gelblichen Sandstein der Stützmauer wählte man für den restlichen Bodenbelag im Erholungs-Rondell feinen, gelblichen Kies, der lediglich durch drei elegant überhängende Tuffs des Federborstengrases (*Pennisetum alopecuroides*) anmutig begrünt wird.

Garten-Design: Bärbel Stender, D

Garten: Benkmann, D

Foto: Nik Barlo jr.

Ein Thron über lukullischen Schätzen

Neben dem Aspekt des konsequenten biologischen Gärtnerns standen auch der Thymianweg und der dekorative, ummauerte Nutzgarten von „Highgrove“, dem Park des Prinzen von Wales, Pate für diesen romantischen Garten der Sinne. Wie sein Vorbild verfolgt er das Konzept eines Nutzgartens, in dem sich seltene Gemüse, Kräuter, Rosen und Blumen in dekorativer Mischkultur gegenseitig fördern.

Formal konzipiert – ungezwungen bepflanzt

Das Gerüst dieses Gartensegments ist klassisch und klar: Ein Weg, der zugleich die dekorative Hauptachse darstellt, endet auf einem leicht erhöhten Plateau bei einer thronartigen Bank. Als Höhepunkt davor unterbricht ein Quellstein in achteckigem Platten- und Kieselumfeld die lineare Strenge des Wegs. Von hier zweigen sternförmig, wie von einem Forum der Sinne, Graspfade ab, die in klassischer Parterre-Manier dreieckige Beet-Kompartimente aussparen. Diesem kleinteiligen Miteinander von Beeten und Wegen fehlt allerdings die akkurate Strenge üblicher Parterres. Dies liegt zum einen daran, dass man auf Beeteinfassungen aus getrimmtem Buchs verzichtete, die sonst für präzise Linienführungen zuständig sind, sowie auf kontrastive Wegbeläge, die durch Farbe und Textur das Spiel von Linien und Flächen zusätzlich akzentuieren. Stattdessen dürfen die in bunter Mischkultur gesetzten Kräuter, Blumen und Gemüsepflanzen die Beetkanten locker umspielen und sich mit den Rasenwegen romantisch verweben. Formale Akzente von Buchskugeln (*Buxus sempervirens*) und Eibenkegeln (*Taxus baccata*), die die Treppe flankieren, verweisen hingegen nochmals auf locker verspielte Weise auf die formale Grund-Idee und geleiten wie eine grüne Garde höhengestaffelt Blicke und Besucher zum Thronplatz über das grüne Völkchen.

Ein fürstlicher Sitzplatz der Sinne

Vom Garten aus erweist sich die repräsentative Bank als Blickfang und Akzent, während sie selbst für Besucher zur Aussichtsplattform wird. Leicht erhöht wie auf einer Empore thront sie über dem kleinen Gemüsegarten, der von oben seine Radform besonders deutlich erkennen lässt. Die geschnitzte Eichenbank ist identisch mit der, die die bekannten englischen Garten- und Möbel-Designer Julian und Isabel Bannerman (www.bannermandesign.com) für Tempel in Highgrove, dem Garten von Prince Charles, nach dem Vorbild einer von William Kent (1685–1748) gestalteten Bank entworfen haben. Von diesem Luxusdomizil an der Gartengrenze aus kann der Blick über die Wegachse in den Garten schweifen und sich von vielfältigen optischen Reizen entzücken lassen, die sich mit anderen Sinneseindrücken vermengen. So verströmen der Thymian, der in Aussparungen des Wegbelags prächtig gedeiht, und andere Kräuter in den Beeten ihre feinwürzigen Aromen bis zur Bank, wobei Duftschwaden und optische Impressionen durch das melodische Plätschern des Wasserspiels sanft und entspannend untermalt werden.

Garten-Design: Michael Miller (mit Charles, Prince of Wales), GB

Garten: Chelsea Flower Show 1998, GB

Foto: Gary Rogers

Halbinsel am Teich als Bühne der Sitzkultur

Wie eine breite Zunge schiebt sich dieser Sitzplatz in den Teich hinein. Das Plateau, das die ganze Breite des Hauses aufgreift, bietet mit etwa 7 m Breite und Länge viel Platz zum Entspannen und für Freizeitaktivitäten.

Der Blick aufs Wasser

Sitzplatz und Wasser gehören zusammen, denn wer sich Wasser in den Garten holt, will es auch genießen. Gerne zieht man deshalb in Gärten, die nicht nach und nach, sondern aus einem Guss konzipiert werden, das Wasser von Anfang an bis in Terrassennähe heran, wo man dann wie hier erhöht darüber sitzend die Magie des feuchten Elements, sein Spiegeln und Glitzern, aber auch seine ganz eigene Tier- und Pflanzenwelt aus einem besonders malerischen Blickwinkel beobachten kann. Zuvor waren jedoch auch in diesem Garten beträchtliche Baumaßnahmen zu bewältigen, als der große Folienteich zusammen mit der bis auf Hausniveau angeböschten Terrasse angelegt wurde. Dabei konnte man viel Material vom Teichaushub für das Aufstocken der Freizeit-Plattform verwenden, die nun etwa 40 bis 50 cm über dem Wasserspiegel thront. Sie reicht jedoch nicht, wie dies bei Holzdecks üblich ist, bis an das Wasser heran oder sogar über es hinaus, sondern senkt sich über Blockstufen aus Betonguss und einen umlaufenden Weg aus Granitsteinpflaster fast bis auf Wasserniveau herab. Dieser bewusste Verzicht auf unmittelbare Nähe zum Wasser geht jedoch mit anderen Vorteilen einher. Der Garten weist eine bewegtere Höhenmodulation auf, hat eine Art Seepromenade, die den Teich und seine Attraktionen auch im Gehen erschließen lassen und eröffnet darüber hinaus die Gelegenheit, sich jederzeit und überall auf den Stufen ein Plätzchen in unmittelbarer Teichnähe zu suchen. Die Rollschicht aus hochkant verlegten Betonsteinen ermöglicht es, der halbrunden Kontur des Teichs engfugig zu folgen. Sie fixiert dabei nicht nur das Kleinsteinpflaster des angrenzenden Wegs, sondern auch die darunter hereingezogene Teichfolie mitsamt ihrem Schutzvlies.

Die grüne Vernetzung

Vom erhöhten Sitzplatz selbst, der innerhalb dieses gemauerten Rahmens auf einem Holzplanken-Belag residiert, streift der Blick über die konzentrischen Halbkreise von Blockstufen, Pflasterweg und Rollschicht, um sich dann über dem Wasser im sich weitenden Grün des Gegenufers zu verlieren. Da am Sitzplatz selbst der Boden verschlossen ist, behalf man sich mit Kübelpflanzen, um eine grüne Brücke über den Teich zu schlagen. Winterharte heimische Gehölze wie Hortensien (*Hydrangea*-Hybriden) und der elegante Schlitzahorn (*Acer palmatum* 'Dissectum') können in frostfesten Gefäßen viele Jahre die Terrasse zieren und dort auch überwintern, während mediterrane und exotische Pflanzen wie die Palme und die Zitrusgewächse dahinter ein schützendes Winterquartier benötigen.

Garten-Design: Rheims und Partner, D

Garten: Setzepfandt, D

Foto: Nik Barlo jr.

Sitzplätze an den Gartengrenzen

Ganz gleich, ob die Gartengrenzen aus Zäunen, Hecken, Fassaden, Garagen- oder Gartenmauern bestehen, überall können sich Sitzplätze anlehnen. Je kleiner Gärten sind, als desto wichtiger erweist es sich, aus Platzmangel innerhalb des Gartens mit Sitzplätzen an die Gartengrenze auszuweichen. Während sich lineare Randpartien gut für Bänke oder Lauben eignen, die sich an Mauern und Schnitthecken sogar anlehnen können, bieten Ecken einer ganzen Sitzgruppe Platz und Sichtschutz zwischen den Mauerflanken. Auch Wasser lässt sich gut mit baulichen Grenzgestaltungen verknüpfen, indem es aus Wandbrunnen, Wasserspeiern oder Rinnen aus Fassade oder Mauer hervortritt und in kleinen Becken aufgefangen und zurückgepumpt wird.

Das bunte Kaleidoskop inspirierender Gestaltungen beginnt dieses Kapitel mit dem ersten für Hundebesitzer und ihre Vierbeiner konzipierten Garten rechts. Der in eine Ecke zwischen Mauern positionierte Sitzplatz ist von einer kubischen Pergola umgeben, die Sichtschutz und Rückendeckung von den umgebenden Wänden erhält und bei Schattenbedarf abgedeckt wird. Genauso schnell lässt sich der Kubus aber auch in einen Hundezwinger verwandeln. Die flügelartigen Mauerversatzstücke greifen leitmotivisch das Thema der weißen Grenze auf und dienen zugleich als Schattenspender, während die Mauern selbst durch Vorpflanzungen von Stauden und formierten Gehölzen abwechslungsreich und formprägnant belebt werden.

Garten-Design: Chris Beardshaw, GB
Garten: Hampton Court Palace Flower Show 2004, GB
Foto: Gary Rogers

Trennwände in Reihenhausgärten

Da sie wenig Platz benötigen sowie Sicht- und Lärmschutz bieten, zählen Trennmauern zwischen benachbarten Terrassen zum üblichen Repertoire von Reihenhäusern. Aber auch bei Doppelhäusern greift man immer gern auf dieses Bauelement zurück, dessen Länge sich meist an der Tiefe der Terrasse orientiert.

Mauern mit Spezialeffekten

Werden diese Mauern weiter durch den Garten bis ans Grundstücksende gezogen, empfiehlt sich eine abwechslungsreiche Vorpflanzung oder Begrünung mit Kletterpflanzen. Dort, wo sie die Terrasse flankieren, kommt es jedoch darauf an, sie sinnvoll und dekorativ in den wohnlichen Außenbereich zu integrieren. Das Beispiel rechts zeigt eine der zauberhaftesten Möglichkeiten, eine Trennwand auf der Terrasse oder im Garten zu nutzen. Ein Wandbrunnen erhöht nicht nur die Luftfeuchte, sondern bereichert den Sitzplatz auch mit seinem munteren Plätschern. Dazu ist nicht einmal eine Wasserzuleitung unbedingt erforderlich, wohl aber ein elektrischer Anschluss für eine Tauchpumpe, die den Wasserkreislauf am Zirkulieren erhält. Ist allerdings eine Zuleitung vorhanden, vermag Wasser unbegrenzt ins Auffangbecken nachzufließen, sodass es auch zum Gießen genutzt werden kann. Das System funktioniert denkbar einfach: Ziehen Sie vom Auffangbecken ein Kupferrohr durch die Wand. Führen Sie es hinter oder in der Mauer hoch, sodass es das Wasser durch ein zweites, oberes Kupferrohr zum „Mund" des Wasserspeiers leitet, der es wieder in das Auffangbecken entlässt. Für den Betrieb dieses Systems ist eine Tauchpumpe zuständig, die auf einem Sockel im Auffangbecken steht, um keine Schmutzteile im Becken einzuziehen. Der Vorteil dieses Brunnens ist seine Ziegelverblendung, die nicht nur Becken und Wasserspeier zu plakativer Einheit verbindet, sondern hinter der auch das Rohrsystem und die elektrische Leitung verlaufen, ohne die Betonmauer zum Nachbarn in Mitleidenschaft zu ziehen.

Problemfall: Mauer-Abschluss

Hohe Trennmauern, die abrupt an der Terrassengrenze oder anderswo enden, müssen gefällig in den Garten eingebunden werden. Übergangslösungen bieten ein hoher Strauch, der von den Nachbarn gemeinsam gepflegt wird, ein angrenzendes Beet mit hohen Stauden oder mit diagonal zur Mauer gespannten Drähten. Sehr reizvoll sieht auch eine stufig abgesenkte Mauer aus, wie im Garten rechts, oder eine bogig konkav auslaufende Mauer, die an einem Akzent, wie zum Beispiel an einer halbhohen Säule mit einer Kugel oder einer Pflanzschale, endet.

Fahrbare Teakholz-Liegen „Pisa" von Lederleitner

Die Attraktionen dieser Terrasse genießt man hier auf Liegen mit einem höhenverstellbaren Kopfteil und einer herausziehbaren Ablage (www.lederleitner.at).

Garten-Design: Claudia Wollkopf, D
Garten: Wollkopf, D
Foto: Ferdinand Graf Luckner

Ruhepol am Blütenparadies

Orte der Sinnesfreuden im Garten ziehen uns magisch an, sodass wir ihre Nähe suchen und wie gebannt verweilen wollen. Eine besondere Faszination üben dabei Blüten aus, deren samtige Farbenpracht wir nicht nur tief in uns aufnehmen möchten, sondern deren Kurzlebigkeit sie uns vermutlich umso wertvoller macht. Mobile Sitzplätze sind das Heil- und Hilfsmittel, um diesen Wundern der Natur nahezukommen. Den Versuch, den Blütenrausch dieser Rhododendron-Hecke mit allen Sinnen zu erfassen, ermöglicht dieser markante Sitzplatz von einem der bequemen Adirondack Chairs aus.

Geschichte eines Kultobjekts des American Way of Life

Adirondack Chairs sind breite, behäbige, sehr bequeme Holzstühle, die als der archetypische amerikanische Gartenstuhl gelten und auch in Europa zunehmend an Beliebtheit gewinnen. Sie gehen zurück auf das Jahr 1903, als Thomas Lee für sein Sommerhaus in Westport aus 11 breiten, eckigen Kiefernbrettern einen Stuhl für sein Sommerhaus nagelte. Diese Stühle, die unter dem Namen „Westport Chair" bekannt wurden, trugen schon die typischen Merkmale des späteren Adirondack Chairs. Die Sitzfläche verlief nach hinten abfallend und der Stuhl trug bereits die sich nach vorne beträchtlich verbreiternden, abgerundeten Armlehnen, die zum Markenzeichen der Stühle schlechthin wurden. 1904 ließ sich Harry Bunnell, ein befreundeter Schreiner, diesen Stuhl als Westport Chair patentieren, produzierte und variierte ihn. Seit 1920 wurde er als Adirondack Chair nun aus schmalen Holzlatten sowie einer sich fächerartig verbreiternden Rückenlehne hergestellt und trat seinen Erfolgskurs um die ganze Welt an.

Gartenstil und Stuhl

Die Stühle gibt es in nahezu jeder Holzart und Farbe. Und je nach Ausführung und Farbe fügen sie sich erstaunlicherweise in jeden Gartenstil ein, sei er rustikal, elegant oder romantisch. Sie werden aber nicht nur als Einsitzer mit Fußteil gefertigt, sondern auch als Doppelsitzer (Love Seat), als Doppelsitzer mit zwischengeschaltetem Tisch und als Schaukel. Aber ob Luxusausführung oder Selbstbausatz, die Sitzmöbel sind dafür geschaffen, am besten im Duo als Zitat des Gartengenusses das ganze Jahr im Freien zu stehen und den Garten als Kultobjekte zu beleben.

Bezugsmöglichkeiten von Adirondack Chairs

Im Internet sind unzählige Bezugsmöglichkeiten, auch von Selbstbausätzen, zu finden (www.adirondack.de). Interessant für kleine Gärten ist vielleicht die zusammenklappbare Variante oder für Innenbereiche die ungewöhnliche Designer-Variante (beides erhältlich unter www.gartenstuhl.biz). Eine edle Teak-Ausführung gibt es unter anderem bei Barlow Tyrie (www.teak.com).

Garten-Design: Frank Boschmann, B

Garten: Boschmann, B

Foto: Ferdinand Graf Luckner

Schubkarrenbank – Liaison von Komfort und Mobilität

Dass eine edle Sitzbank im Garten nicht nur ein komfortables und funktionales Möbel ist, sondern auch von skulpturaler Bedeutung sein kann, verdeutlichte man schon in den Gärten der Renaissance und des Barock. Bereits damals platzierte man Bänke als Blickfang und Ort der Muße gerne ans Ende einer Blickachse, in Heckennischen sowie ins Buchs- oder Blumen-Parterre. Obwohl das britische Klima nicht gerade zum permanenten Aufenthalt im Freien einlädt, wurden Bänke gerade dort auch in späteren Jahren zu einem zentralen Thema der Gestaltung. So kristallisierte sich im Inselreich im 19. Jahrhundert ein Kanon von einem guten Dutzend Modellen heraus, von denen viele bis heute nachgebaut werden und dank ihrer klassischen, harmonischen Formgebung den Rang von Skulpturen einnehmen. In diese Riege gehören auch die Schubkarrenbänke.

Die Wheelbarrow-Bench – ein Abkömmling der Arts and Crafts Bewegung

Die Schubkarrenbank (wheelbarrow bench) ist ein typisches Produkt der Arts and Crafts Bewegung aus den 80er und 90er Jahren des 19. Jahrhunderts. Damals propagierte man für Haus und Garten ebenso wie bei den Gebrauchsgegenständen, dass sich schöne, klare und schlichte Formen mit Praktikabilität, Nützlichkeit und hochwertiger Handwerkskunst vereinen sollten. Die edle, schnörkellose Form dieser wetterfesten, soliden Teakbank veranschaulicht diese Ästhetik deutlich. Diese Bänke werden noch heute in dieser Form hergestellt, es gibt jedoch auch zahlreiche Varianten im Material-Mix aus Holz und Metall oder aus bloßem Metall. Gleich ist immer das Prinzip mit der Bank als Korpus, dem Rad an der einen und den Haltegriffen an der gegenüberliegenden Seite.

Solidität und Mobilität

Die Schubkarrenbank half, einen weiteren neuen Gedanken der Arts and Crafts Bewegung zu verwirklichen, nämlich, dass Sitzplätze im Garten nicht an einen Ort fixiert sein müssen. Während die meisten sogenannten mobilen Sitzplätze, wie Hängematte, Decke, Klappstuhl usw., jedoch nicht das Ergebnis einer wohlüberlegten Gestaltung sind, sondern eher einer spontanen Laune, einem besonderen Wunsch oder einer vorübergehenden Notwendigkeit entspringen, verkörpern die Schubkarrenbänke die skulpturale Ästhetik edler Bänke. Gestalterisch sind sie deshalb ein origineller Zwitter: ein Blickfang, der jedoch nicht ortsgebunden ist und mal hierhin, mal dorthin gefahren werden kann. Deshalb wird ihnen in den seltensten Fällen eine eigene befestigte Fläche zur Verfügung stehen. Als besonders praktisch erweisen sie sich – wie in unserem Beispiel – im Gemüse- und Nutzgarten, wo sie als fahrbarer Ort des Verschnaufens bei der Pflege und Ernte wohl besonders willkommen sind.

Garten: Kasteel Wijlre, NL

Foto: Jürgen Becker

Entspannung in kolonialem Luxus

Mit einer Ausbuchtung des Natursteinplatten-Belags, edlen Flechtmöbeln und einem symmetrischen Pflanzen-Arrangement nutzt dieser Schattenplatz die Hecke an der Gartengrenze als Rückwand eines kleinen Gartensalons.

Belvedere im Grünen

Ein „Belvedere", ein Ort der schönen Aussicht, ist zweifellos auch ein Sitzplatz, der wie dieser geschützt im Rücken durch eine Hecke und seitlich durch anmutige Dekorationen sich voll nach vorne zum Garten hin öffnet. Als besonders praktisch erweisen sich dabei Bänke, die sich mit ihrer Form platzsparend an die Hecke anschmiegen. Dabei tragen diese Flechtmöbel mit ihrem hellen Naturton einen Hauch von luxuriöser Ungezwungenheit und Komfort an die Gartengrenze und bereichern den Platz auch durch ihr andekoriertes Ambiente um einen Blickfang. So authentisch Flechtmöbel aus Naturmaterialien oder Loom erscheinen, wer heute die Wahl hat, sollte bei ungeschütztem Stand zu Geflechten aus modernen Kunstfasern greifen, die sich optisch kaum mehr von Naturfasern unterscheiden lassen, dafür aber wetterfest, lichtbeständig und leicht zu reinigen sind. Harmonisch ins Grün eingebettet erscheint dieses Idyll an der Gartengrenze durch die begrünten, breiten Fugen des polygonalen Plattenbelags, die beidseitig flankierenden Kugelbäumchen sowie die zahlreichen Topfpflanzen, die auf den parallel angeordneten, kleinen Etageren auch in dekorativer Höhe präsentiert werden.

Flechtmöbel aus Natur- und Kunstfasern

- Beliebte Naturfasern für Flechtmöbel sind Weide, Rattan (die bis zu 100 m langen Triebe der lianenartig wachsenden Rattan- oder Rotangpalme), Peddigrohr (der sehr elastische, geschälte und geschliffene Kern des Rattan), Pulut (ein sehr elastisches asiatisches Schilfgras), Abaca (die festen, gegen Meerwasser widerstandsfähigen Fasern aus den Blattscheiden der Faserbanane *Musa textilis*) und Bambus, Riesengräser, die vor der Weiterverarbeitung aufwändig getrocknet werden müssen. All diese Naturfasern eignen sich optimal für den Innenbereich, für Wintergärten oder den geschützten Außenbereich. Wirklich wetterfest sind sie jedoch nicht. Bei dauerhafter Nässe nehmen sie Schaden und können Schimmel ansetzen, UV-Licht bleicht sie aus und macht sie brüchig.
- Die eleganten Loom-Möbel bestehen aus einer Kunstfaser, bei der Draht mit imprägniertem Papier umwickelt wird und die auf dem Webstuhl („loom") zu eleganten, feinen Geflechten verwoben wird. Das sehr leichte, haltbare und kleidungsfreundliche Geflecht, von dem niemals Enden abstehen, ist jedoch nicht wetterfest und muss vor Regen geschützt werden.
- Kunststoff-Fasern, wie Hularo, Wittex, Sunloom, Mirotex usw., verblüffen mit der Optik von Naturfasern, bringen aber eine neue Generation von Flechtmöbeln hervor, die äußerst robust, wetterfest, UV-beständig, reiß- und splitterfest sind.

Garten-Design: Jolanda de Wit Hamer, NL
Garten: La Bussola, NL
Foto: Jürgen Becker

Stilvoll im fernöstlichen Bambus-Look

Je kleiner der Garten, desto wichtiger ist es, auch wirklich jede Nische und Ecke sinnvoll und attraktiv auszugestalten. Im Stil bieten sich vor allem formal geordnete Strukturen oder ein kleines Reich nach fernöstlichem Vorbild an. Gerade bei Letzteren ist es unglaublich wichtig, darauf zu achten, dass auch wirklich alle Elemente des Gartens oder Gartenteils in diesem Stil gehalten sind.

Sichtschutz im Stil des Sitzplatzes

Schnell errichtet, preiswert und stilecht ist dieser Sichtschutz, der mit Bambus-Matten oder Bambus-Jalousien (wie sie zum Beispiel für Wintergärten angeboten werden) an dicken Bambus-Rohren den Sitzplatz luftig abschirmt. Die Haltbarkeit der dicken Rohre kann bis zu 20 Jahre betragen, wenn sie nicht direkten Erdkontakt haben. Es empfiehlt sich deshalb, die Rohre in Punktfundamenten aus Beton so im Boden einzulassen, dass sie noch etwas aus der Erde herausschauen und diese Stellen mit Pflanzen zu überspielen. Dies garantiert außerdem eine gute Stabilität bei Wind und Regen. An den horizontalen Bambusrohren werden dann die Bambusmatten in gleicher Höhe und in gleichmäßigem Abstand aufgehängt. In windigen Lagen fixiert man ihre Basis außerdem mit Heringen im Boden, damit sie nicht hin und her schwingen. Diese Matten sind nicht langlebig, können aber jederzeit sehr leicht erneuert werden. Wunderbar fügen sich in fernöstliche Gärten auch Sichtschutzzäune aus Bambusrohren ein, die mit Bambusreisig verflochten sind; dabei erweisen sich Zäune aus horizontal oder vertikal angeordneten Bambusrohren oder Kombinationen von Sichtschutzelementen aus Bambus als besonders robust. Generell können Sie die Haltbarkeit im Außenbereich noch erhöhen, indem sie das Naturprodukt mit einem zweimaligen Schutzanstrich versehen, den Sie in regelmäßigen Abständen wiederholen. Speziell für Bambus eignet sich zum Beispiel Le Tonkinois, ein natürliches Öl auf der Basis von Lein- und Chinaholzöl.

Die Sitzplatz-Gestaltung

Diese Sitzecke wirkt deshalb so harmonisch, weil der Bodenbelag aus Holzplanken sowie Klappstühle und Klapptisch in Stil und Material mit dem Sichtschutz zu einem geschlossenen Ensemble verschmelzen. Besonders günstig erweisen sich in kleinen Gärten und Sitzecken auch Hochbeete, da sie die Pflanzen schützen, den Fußraum freihalten und ein Gefühl von Geborgenheit aufkommen lassen. Als Abstützung für das halb umlaufende Beet dienen in diesem Garten rechtwinklig behauene, bruchraue Natursteine, die zu einer Trockenmauer aufgeschichtet wurden.

Kauftipp für Sichtschutzwände und Artikel aus Bambus

Eine Fülle von Artikeln für fernöstliche Gärten, Bambusrohre in allen Größen sowie den oben erwähnten Schutzanstrich Le Tonkinois erhalten Sie bei Bambus-Kultur, 31275 Lehrte-Steinwedel, Ramhorster Straße 1, www.bambus-info.de

Garten-Design: Christoph Göttke-Krogmann, D

Garten: Köhnken, D

Foto: Nik Barlo jr.

Ruhige Ausgeglichenheit und feine Harmonie verströmt dieser kleine Aufenthaltsort durch seine warmtonigen Naturmaterialien und das schlichte Grün der Pflanzen.

Buchenlaube im Heckenverbund

Selbst in kleinsten Gärten lässt sich ein weiterer Sitzplatz unterbringen, wenn Sie ihn in die Schnitthecke an der Gartengrenze integrieren. Noch länger als bei dieser Hecke aus Rotbuche (*Fagus sylvatica*), die gerade herbstliches Goldgelb anlegt, bleiben die abgestorbenen rotbraunen Blätter der Hainbuche (*Carpinus betulus*) bis ins Frühjahr hinein haften und verleihen Hecke und Sitzplatz einen lockeren Grad von Abschottung. Beide Gehölze sind äußerst schnittverträglich und formbar, eignen sich für sonnige wie schattige Standorte und tolerieren nahezu alle Böden. Nur Staunässe und permanente Trockenheit machen ihnen zu schaffen.

Pflanzung einer Hecke mit Apsis

Spannen Sie eine Schnur, die den Heckenverlauf markiert, und stecken Sie dabei die rechteckige oder rundliche Ausbuchtung für die Bank ab. Fehlt der Spielraum für die Apsis hinter der Hecke, können Sie eine Sitznische auch allmählich aus der Hecke herausarbeiten, indem Sie die Hecke über Jahre sehr breit heranziehen, um sie dann an der gewünschten Stelle durch Schnitt konkav auszuhöhlen. Vor dem Einpflanzen entlang der gespannten Schnur Rasensoden und Unkraut gründlich entfernen. Stechen Sie dann für die Flachwurzler einen 60 cm breiten Pflanzstreifen um, den Sie tiefgründig lockern und mit Kompost anreichern. Dann die Buchen in einer Linie mit 60 bis 70 cm Abstand setzen. Gießen Sie anschließend die Pflanzung gründlich an und mulchen Sie den Boden. Damit sie sich auch unten gut bestocken, sollten Sie die Jungpflanzen gleich um ein Drittel einkürzen. An windigen Plätzen empfiehlt es sich, entlang der Hecke Drähte auf zwei bis drei Höhen zu spannen, an denen man die Pflanzen fixiert, damit sie aufrecht und ebenmäßig heranwachsen.

Formierung des Laubenbogens

Beginnen Sie gleich nach dem Einpflanzen mit der Formierung der Sitznische. Installieren Sie dafür über die Breite der Nische einen massiven Rosenbogen, dessen Tiefe mindestens mit der der später hineingestellten Bank übereinstimmt. Der Rosenbogen wird in 40 bis 50 cm tiefen Betonfundamenten verankert. Anschließend trimmen Sie die Buchen an der Rückseite hinten zu einer geraden Wand. Spannen Sie dann an der Rückseite des Bogens feste Drähte auf verschiedenen Höhen, an denen Sie die Buchentriebe fixieren. In Zukunft werden dann bei jedem neuen Heckenschnitt die Triebe, die durch die Drähte nach vorne hindurchwachsen, gekappt, sodass allmählich eine gut verzweigte, schmale Heckenwand heranwächst, die mit den Jahren nach oben hin mit dem Bogen abschließt. Leiten Sie am Bogen selbst die vorderen Buchentriebe empor und befestigen Sie sie am Scheitelpunkt. Da eine solche Buchenlaube eine seltene Attraktion darstellt, sollte auch die Bank darin einen Farbton erhalten, der sie zum Blickfang macht.

Garten-Design: De Wiersse, NL
Garten: De Wiersse, NL
Foto: Jürgen Becker

Romanze im duftenden Rosenhag

Romantische Gärten lassen die Herzen höher schlagen, vielleicht weil sie uns in eine den Sinnen huldigende, paradiesische Welt entführen, die uns vorübergehend dem schnellen Alltag entreißt. Natürlich lässt sich ein ganzer Garten in eine solche Sehnsuchtswelt verwandeln. Wer aber auch noch andere gestalterische Absichten verwirklichen möchte, kann ebenso gut nur einen Teil oder eine stille, abgelegene Ecke in ein kleines Elysium verzaubern. Wofür Sie sich auch entscheiden – verzichten Sie auf keinen Fall auf ein Refugium für Mußestunden.

Fern Leaf Bench – das Ornament als Funktion

An gusseisernen Vorbildern der viktorianischen Zeit orientiert sich die weiße Bank. Ihre ausdrucksstarken, lebhaften Farnwedel sind keineswegs reine Verzierung, sondern ein bestimmender Teil des Sitzmöbels selbst. Bänke, Stühle und Tische dieser Art gibt es zum Beispiel auch im Rosen-, Efeu-, Eichen- oder Weinlaub-Design. Sie verlangen nach wohlüberlegtem Einsatz und erscheinen im falschen gestalterischen Kontext nach heutigem Empfinden schnell als zu schnörkelig und überladen. In romantischen Gartenszenerien wie hier findet die einzelne Farn-Bank jedoch ein optimales Umfeld. Die Bank selbst ist kein Unikat, sondern wird noch heute nach dem Vorbild historischer Formen gegossen. Wie einst ist sie in schwerer, gusseiserner Form erhältlich oder in einem leichteren, sehr viel praktischeren, weil nicht rostenden Aluminiumguss – jeweils mit weißer Lack- oder Pulverbeschichtung. Im Internet lassen sich Händler leicht ausfindig machen.

Inszenierte Romantik an der Gartengrenze

So wie diese alte Gartenmauer können Sie auch eine angrenzende Hausfassade oder Garagenwand in eine duftende Oase verwandeln. Die Pflasterung des Weges verengt sich konisch auf den Sitzplatz zu, sodass zu beiden Seiten der Bank großzügig Beetflächen zur Verfügung stehen. Am Mauerfuß wurzeln in ihnen mehrere Exemplare der ersten aller Englischen Rosen, der nur einmal, aber überreich blühenden *Rosa* 'Constance Spry', die die Mauer mit Blüten und Laub fast gänzlich überzieht. Wer in ihrem Duft träumt, kann zugleich das Staudenmeer aus Rittersporn (*Delphinium*), Storchschnabel (*Geranium*) und anderen Schönheiten des Sommers goutieren. In diese ungezwungene florale Welt fügt sich die bewegte Blatt-Ornamentik der Bank optimal ein, die durch ihr Weiß zum Blickfang wird. Die formal angeordneten Töpfe mit den Buchskugeln verstärken diesen Effekt, indem sie wie strukturierende Akkorde die Aufmerksamkeit auf die Bank zentrieren. Noch viel stärker hätte sich eine Sitzgruppe aus Tisch und Stühlen des gleichen Mobiliars in den Vordergrund gedrängt – aber zugleich auch der Szene die verspielte Duftigkeit geraubt. Akzente zu setzen bedeutet also auch, fein zu dosieren!

Garten-Design: Ineke Greve, NL

Garten: Huis de Dom, NL

Foto: Jürgen Becker

Rosengepolsterte Schmökerecke

Mit wenig Aufwand lässt sich eine stille Gartenmauer für den Brückenschlag ins Reich der Kultur und Fiktion nutzen. Entfernt vom Haus kann dort eine lauschige Rückzugsmöglichkeit zum ungestörten Lesen oder konzentrierten Arbeiten entstehen. Plätze wie diese sind keine Beobachtungsposten, von denen aus man in Blüten schwelgt oder die Natur erkundet, es sind vielmehr Orte der inneren Einkehr und der Besinnlichkeit, deren meditative Atmosphäre, wie im Beispiel rechts, die sanfte Wassermusik eines Schaumsprudlers noch verdichten kann.

Accessoires und Pflanzen in Parallelaktion

Was liegt näher, als einen Lieblingsplatz auch individuell auszuschmücken! Reizvoll illustriert dies diese Rosenbank vor der Mauer, die zu beiden Seiten gleich dreifach von schönem Ambiente flankiert wird. So dient die Mauer hinter der Bank nicht nur als Sicht-Windschutz und Rückendeckung, sondern auch als kleine Galerie für steinerne Köpfe von Heroen der Vergangenheit, die umso romantischer aus der Mauer hervortreten, je mehr sie einmal ins Laub der die Wand erobernden Kletterpflanzen eingebettet sind. Neben und vor der Bank finden gleich zwei Duos ein hübsches Plätzchen. So wurzeln am Mauerfuß in halbrunden Aussparungen des Kiesbelags Kletterpflanzen zu beiden Seiten der Bank, während zwei Rundtischchen schmuck und platzsparend als Ablage und Arbeitsfläche dienen.

Gestalterische Möglichkeiten für Mauern an Sitzplätzen

Mauern können Wesentliches zum Verschönern des kleinen Refugiums beitragen und auch der Platz davor sollte wohlüberlegt genutzt werden.

- Begrünen Sie die Wand mit Kletterpflanzen. Bedenken Sie dabei, ob Sie Immergrüne (wie Efeu) oder Blütenpflanzen (wie Kletterrosen, Clematis, Geißblatt, Glyzinie) bevorzugen und wählen Sie Rankhilfen, die zugleich die Mauer zieren. Berücksichtigen Sie auch, dass den Kletterpflanzen am Fuß der Mauer genügend Wurzelraum in offenem Boden oder in großen Kübeln zur Verfügung steht.
- Grüne Alternativen, die auch die Küche bereichern, sind Spalierobst, Weinreben, Kiwi oder Brombeeren.
- Reizvolle Szenerien ergeben sich, wenn Sie die Farbe der Mauer auf das Mobiliar oder seine Polster abstimmen. Dazu einfach die Mauer farbig streichen oder sie mit farbigen Holzelementen oder Rankgittern verkleiden.
- Nutzen Sie die Mauer auch – wo es möglich ist – für Akzente und attraktive Details, wie Durchblicke, Fenster und Nischen für Lichtquellen, für kunstvolle Dekorstücke, wie Reliefs, Mosaike oder Wandbilder, für Kleinmöbel, wie wetterfeste Regale, Kissentruhen, Konsoltischchen für Pflanzen, Fundstücke und dekorative Stillleben oder für Wasserspiele, wie Wasserrinne oder Wandbrunnen.

Garten-Design: Heike Slansky v. d. Linden, D
Garten: Slansky v. d. Linden, D
Foto: Ferdinand Graf Luckner

Heckentheater mit Bankgeheimnis

An raffinierte Bühnenkunst, bei der grüne Kulissenwände langsam zurückgleiten und den Blick auf eine Bank vor einer imposanten Haus- oder Tempelkulisse freigeben, erinnert dieser Sitzplatz. Auch wenn er nur aus den Elementen Schnitthecke und Bank besteht, zählt er zu den klassischen Inszenierungen, die nicht nach und nach entstehen, sondern einer sorgfältigen Vorabplanung bedürfen. Große Bedeutung kommt der Farbe der Bank zu, deren Weiß sich besonders prägnant vom Grün der Hecke abhebt und sie zu einem repräsentativen Blickfang macht.

Heckennische mit extravaganten Lichteffekten

Heckennischen sind ein beliebtes Motiv architektonisch formaler Gärten. Die sonst lineare Hecke erfährt dabei eine interessante Auflockerung, der Gartenraum gewinnt an Tiefe und der Gartenbereich einen weiteren Blickfang. Die Gestaltungseinheit von Nische und Bank wertet die oft eintönige Gartengrenze aber nicht nur dreifach auf, sondern gestattet zugleich einen Blick von einem Ende des Gartens zurück auf diesen und trägt ein atmosphärisches Zitat des Gartengenusses in das sonst vorwiegend funktionale Gestaltungsmittel der Hecke.

Heckennischen können unterschiedlich gestaltet sein. Meist handelt es sich um rechteckige oder rundlich konkave Ausbuchtungen der Schnitthecke, die eine eingepasste Bank beherbergen. Diese Auswölbungen lassen sich nicht allein durch einen entsprechenden Schnitt gewinnen, sondern müssen bereits bei der Pflanzung der Hecke berücksichtigt werden. Dies bedeutet, dass von Anfang an Länge und Tiefe der Bank bekannt sein sollten und die Hecke zudem einen Grenzabstand einhalten muss, der das Zurücktreten für die Nische erlaubt. Noch aufwändiger und komplizierter verhält es sich bei diesem Beispiel. Wie eine breite Pfeilspitze drängt die Heckennische nach hinten und verstärkt die Dynamik noch durch ansteigende Höhenlinien. Mindestens weitere 1,5 m in der Tiefe beansprucht eine solch imposante Kulissenbildung, was bedeutet, dass die Schnitthecke zum landesüblichen Grenzabstand diesen Abstand zusätzlich berücksichtigen muss. Zu bedenken ist ferner, dass nur ein regelmäßiger und aufwändiger Schnitt Wirkung und Lichteffekte dieser kunstvollen grünen Architektur bewahrt.

Tipps für Hecken an Grundstücksgrenzen

Die Grenzabstände für Bäume, Sträucher und Hecken sind in allen Bundesländern außer in Mecklenburg-Vorpommern, Hamburg und Bremen ausdrücklich, aber nicht einheitlich festgelegt. Besonders wichtig wird dies, sobald Gehölze 2 m Höhe übersteigen. Nur mit Zustimmung des Nachbarn dürfen Hecken und damit auch Heckennischen auf die Grundstücksgrenze gepflanzt werden. Da es sich um dauerhafte Einrichtungen handelt, lassen Sie sich die Zustimmung schriftlich geben. Dies beugt auch Missverständnissen vor.

Garten-Design: De Wiersse, NL
Garten: De Wiersse, NL
Foto: Jürgen Becker

Buchssofa in wolkigem Plüschdesign

Für *leisure* und noch viel mehr für *pleasure* sorgt dieses originelle Garten-Sitzmöbel. Auch wenn es an Komfort vielleicht noch Wünsche offen lässt, verwöhnt es Auge und Fantasie mit seiner optischen Ausdruckskraft. Das dem Pflanzenreich entstiegene Unikat ziert das grüne Refugium als extravaganter Blickfang und bereichert ihn zu allen Jahreszeiten mit einer Aura entspannten Genießens.

Eine stabile und mobile Sitzfläche

Durch kreatives Recycling kommt in diesem Garten nun ein Teil eines massiven Eichenholzbalkens, der viele Jahrzehnte als tragender Dachbalken treue Dienste leistete, als Sitzbank zu neuen Ehren. Als „Beine" dienen der hölzernen Sitzfläche zwei kleinere Hartholzbalken, die den Kontakt mit Bodenfeuchtigkeit verhindern und ihrerseits auf untergelegten Steinen ruhen. Das uralte, ausgetrocknete Hartholz trotzt jedem Wetter – ganz egal, ob es Schnee, Regen, Sonne oder extremen Temperaturunterschieden ausgesetzt ist. Eine ideale Voraussetzung für einen Dauersitzplatz! Ähnliche wetterfeste Qualitäten weisen auch andere feinfaserige Harthölzer auf, wie Robinie, Rotzeder, Plantagenteak, Bongossi oder Bangkirai. Wer will, kann dieses Basismodell auch variieren und den hölzernen Korpus durch eine schlichte Steinbank ersetzen, die gleichermaßen in den getrimmten Pflanzenrahmen gestellt wird.

Der gepflanzte Rahmen

Während die Sitzfläche also aus recyceltem Holz stammt, werden Seiten- und Rückenlehnen dieser Bank gepflanzt und verwandeln sie somit in ein Stück Biotektur. Kleinblättriger, immergrüner Buchsbaum (*Buxus sempervirens*) prägt mit seinem Formschnitt das Design dieses Sofas und vermittelt die Illusion plüschiger Behaglichkeit. Buchs ist mit seiner Winterhärte und der extremen Schnittverträglichkeit ein ideales Gehölz für Liebhaber fantasievoller Formschnitte, die ihm nach Lust und Laune barocke, verspielte oder avantgardistische Formen verleihen können.

Tipp: Die besten Schnitt-Gehölze für formierte Bänke

- Buchsbaum (*Buxus sempervirens*): immergrün, dichtwüchsig, kleinblättrig
- Eibe (*Taxus baccata*): immergrün, dunkelgrün, dicht- und langsamwüchsig
- Lorbeerkirsche (*Prunus laurocerasus*): immergrün, großblättrig, nicht für kleinteilige Formen geeignet, vor Wintersonne schützen
- Japanische Stechpalme (*Ilex crenata*): immergrün, kleinblättrig, dichtwüchsig, Halbschatten, denn die Pflanze verkahlt leicht in der Wintersonne
- Liguster (*Ligustrum vulgare* 'Atrovirens'): wintergrün, mittelgroße, längliche Blätter, die im Winter violettgrün werden

Garten-Design: Dekker, NL
Garten: De Tintelhof, NL
Foto: Jürgen Becker

Sitzplatz im Pueblo Revival Stil

Als Pueblo Revival Style oder Adobe Style bezeichnet man den Baustil, der am Ende des 19. Jahrhunderts im Südwesten Amerikas aufkam. Er orientiert sich an traditionellen Pueblo-Häusern und spanischen Einflüssen und ist bis heute vorherrschend in New Mexico. Auch dieser zeitgenössische Gartenhof aus Arizona spielt mit Elementen dieses Stils. Zu dessen Kennzeichen zählen: rundum eingefasste Innenhöfe mit schweren Holztüren und sukkulenten Kübelpflanzen anstelle bepflanzter Beete. Umgeben werden diese Innenhöfe von massiven, abgerundeten Mauern in Adobe-Bauweise, aus denen Bänke (bancos) wie Ausbuchtungen hervortreten und in die bienenstockähnliche Feuerstellen (oft in Ecken des Areals) eingelassen sind. Auch im Beispiel rechts verschmelzen Mauer, Sitzplatz und Feuerstelle durch Bauweise, Material und Farbe zu einem organischen Ganzen.

Die traditionelle Adobe-Bauweise und heutige Verfahren

Seit 2000 Jahren werden die dicken Wände von Innenhöfen und Pueblos in der Adobe-Bauweise hergestellt. Dabei handelt es sich um luftgetrocknete Ziegel aus Lehm und Sand, denen gelegentlich auch Stroh und Tierkot beigemengt werden. Adobe-Häuser bleiben tagsüber angenehm kühl und geben nachts die gespeicherte Wärme ab. Heute werden ähnliche Bauten und Mauern meist aus Beton gegossen und anschließend mit Lehm oder Kalk verputzt.

Garten-Design: Sandra Dana, USA
Garten: Dana, Scottsdale, Arizona, USA
Foto: Gary Rogers

Freizeitparadies en miniature für Aussteiger vom Alltag

Der Platz kann gar nicht klein genug sein, um ihn nicht mit etwas Fantasie lebensvoll aufblühen zu lassen. Ob auf dem Balkon, der Terrasse, der Dachterrasse, ob in einem sonnigen Innenhof, einer Nische zwischen Haus und Garage oder vor einer sonnigen Mauer – nutzen Sie die Möglichkeit, zwischen grauen Wänden eine Oase überbordender Lebenslust zu schaffen!

Inszeniertes Südsee-Flair

Dem Alltag den Rücken kehren, um zum Auftanken nur für ein paar Stunden die Seele baumeln zu lassen – das alles kann man auf einem Sitzplatz, der vorübergehend in eine andere Welt entführt. Farben haben die Macht, Gefühle und Stimmungen zu wecken. Nutzen Sie sie deshalb, um Urbanität und graue Tage zu vertreiben. Wer dabei selbst Hand anlegt, kann im Nu auf einen Gute-Laune-Platz mit Südsee-Flair entfliehen. Das Beispiel rechts illustriert, welche Vitalität von den Farben der Karibik ausgeht und dass sich der unbekümmerte Mut zu exotischer Farbenpracht lohnt. Azurblau, die Farbe des Meeres, erweist sich an Mauern und Wänden als frischer Hintergrund für Pflanzen und erweckt den Eindruck, als begänne hier Himmel oder Meer. Impressionen von luftigem Himmel und seichtem Wasser vermittelt hingegen Ambiente in Türkis und Hellblau. Wer zu diesen kühlen Tönen noch temperamentvolles Karminrot und heiteres Rosa ergänzt, hat bereits einen Platz der Lebensfreude geschaffen.

Tipps: So tauchen Sie Sitzplätze in karibische Farbigkeit

- durch Textilien wie Kissen, Polster, Tischdecke, Sets, Servietten, bespannte Paravents in kräftigen Unitönen oder in bunten Dessins
- durch Bestreichen und/oder Bemalen von einfachen Holzmöbeln – wichtig: Lackierte Möbel zuvor abschleifen
- durch den Kauf von farbenfrohen Kunststoffmöbeln oder Hängematten
- durch bunte Lichterketten, Lampions und Windlichter
- durch Bemalen von Gefäßen, Rankgittern, Regalen, Etageren usw.
- durch Bekleben von Tischflächen oder Gefäßen mit farbenprächtigen Mosaiken aus Glasbausteinchen, Porzellanstücken oder Keramik
- durch bunte Mosaike oder Kleinsteinpflaster als Bodenbelag
- durch farbenfrohe Accessoires und Kunstobjekte

Garten-Design: Claire Whitehouse, GB
Garten: Hampton Court Palace Flower Show 2006, GB
Foto: Gary Rogers

Gute Stube mit Clair-voyée

Eine originelle Lösung für ein Freiluftdomizil in einer Gartenecke stellt dieses Beispiel vor, das sich mit seinem gesamten Gestaltungs-Repertoire großen wie kleinen Örtlichkeiten anpassen kann. Die Grundvoraussetzung bleibt jedoch gleich: einen Sitzplatz an der Gartengrenze und im rechten Winkel zu gestalten.

Gestalterische Tipps für Sichtschutz-Mauern

Gerade Gärten, die an eine viel befahrene Straße oder eine sonstige Einrichtung angrenzen, von der störende Immissionen wie Lärm und Schmutz ausgehen, finden hinter einer Mauer soliden Schutz – Sichtschutz inbegriffen. Die gestalterische Frage, die sich dabei stellt, lautet: Wie weit soll man die Mauer ziehen? Da gilt zum einen, dass Mauern Gärten möglichst nicht vollständig umlaufen sollten, andererseits sieht es oft auch befremdlich aus, wenn sie sich exakt auf eine Seite beschränken, um dann abrupt zu enden. Einen gefälligen Anblick – vor allem in frei gestalteten Gärten – bieten hingegen Mauern, die eine Ecke umlaufen. In ihrem rechten Winkel entsteht ein besonders geschützter Raum, der sich optimal für einen Sitzplatz eignet und nach Wunsch auch mit einer Eckpergola überspannt werden kann. Egal wie weit eine Mauer verläuft, die Gestaltung sollte sich stets auf ihre Einbindung in den Garten konzentrieren. Das abrupte Ende einer Mauer können wie hier Wildrosen oder andere Sträucher überspielen, es kann aber auch durch einen weich auslaufenden Mauerabschluss gefällig gestaltet werden.

Verschaffen Sie der Gartenwelt aber auch Einlass in den Sitzplatz selbst. Dazu empfiehlt es sich, wie in diesem Beispiel, den Bodenbelag des Sitzplatzes nicht bis an die Mauer heranzuziehen, sondern dazwischen einen Streifen für Beete freizulassen. Im Garten rechts gedeihen hier unter anderem großblättrige gelbe Ligularien (*Ligularia dentata*) und Bauernhortensien (*Hydrangea*-Hybriden), die Mauerfuß und Bodenbelag anmutig überspielen und verhindern, dass das Refugium zu baulich wirkt. In diesen Beeten können auch Kletterpflanzen wurzeln, die dann die Mauer romantisch überziehen. Die auffallendste Erscheinung dieser Mauer ist jedoch ihr Fenster, das sogenannte Clair-voyée, das die Mauerfläche auflockert, das Gefühl der Abgeschlossenheit durchbricht und den Blick wie durch ein Medaillon ins Freie schweifen lässt.

Bodenbelag und Quellstein

Form und Atmosphäre dieses Sitzplatzes werden aber auch durch den Bodenbelag und dessen Optik geprägt. Von der Ecke her öffnet er sich als Kreissegment zum Garten hin, wobei hochkant verlegte Klinker und graue Pflastersteine die Form in konzentrisch angeschnittenen Kreisen nachzeichnen. Neben dem Zugang zum Sitzplatz beziehen diese Pflastersteine ein separates Quadrat mit dunklen Kieseln und einem Quellstein in die Bodengestaltung mit ein. Sein Plätschern und Murmeln untermalt die geselligen Runden mit entspannender Wassermusik.

Garten-Design: Claudia Schaaf, D

Garten: Dannheim, D

Foto: Nik Barlo jr.

Aus englischen und französischen Gärten des 17. Jahrhunderts stammt die Vorliebe für Clair-voyées. Diese vignettenartigen Ausschnitte in Mauern rahmten stets einen besonderen Blick ins Freie. Auch heute noch bieten sie die Chance, ein schönes Umfeld in den Garten einzubeziehen.

Dolce vita unter Rosen

Im lauschigen Halbschatten eines duftenden Rosenmeers den Sommer zu genießen, ist sicher nicht nur ein Gartentraum erklärter Rosenliebhaberinnen. Dass diese grob gemauerte Steinbank jedoch wie ein Motiv aus einem Märchenbuch entsprungen wirkt, liegt auch am kontrastiven Reiz zwischen dem alten, mit Moos und Flechten überzogenen Gemäuer und der Zartheit der Ramblerrosen 'Venusta Pendula' (weiß) und 'May Queen' (rosa). Kissen in den Farben der Blüten laden dazu ein, in wohliger Bequemlichkeit im Rosenmeer zu schwelgen.

Der richtige Platz für ein gemauertes Sitz-Monument

Eine Steinbank, die wie hier aus grob gehauenen Natursteinblöcken mit hoher Seiten- und Rückenlehne gemauert wird, ist ein Gartenelement, das, einmal errichtet, keiner Pflege bedarf und nahezu unverwüstlich – allerdings jedoch auch unverrückbar ist. Ihr Standort im Garten sollte deshalb gut bedacht sein. Das beste Umfeld findet eine solch gemauerte Bank sicher in einer Gartenrandlage, wo sich die romantische Abgeschiedenheit leicht durch eine Rahmenbepflanzung inszenieren lässt. Geradezu ideale Voraussetzungen gewährt jedoch ein ansteigender Hang, in den die Bank durch modulierendes Abstechen eingelassen wird. Allerdings erfordert eine solche Konstruktion ganz bestimmte bauliche Vorkehrungen.

Solide Basis und Konstruktion

Die Bank benötigt in frostfreier Tiefe von 80 cm ein etwa 40 cm hohes Schotterbett, auf dem ein 30 cm hohes Betonfundament errichtet wird. Darauf setzen Sie die erste Lage der Steine, die auf diese Weise 10 cm tief im Boden eingelassen sind. Wird die Bank in einen Hang integriert, muss das Fundament ebenfalls mindestens 80 cm unter das horizontale Bodenniveau reichen. Außerdem vergrößert sich seine Fläche um die Tiefe der Mauersteine für Seiten- und Rückenteile der Bank sowie um deren Außenneigung. Seiten- und Rückenlehnen sollten sich nämlich in einem Winkel von 15 bis 18 Grad schräg dem Hang entgegenneigen. Nur so erfüllen sie auch ihre Stützfunktion gegen das angeböschte Terrain.

Tête-à-tête mit Schneeweißchen und Rosenrot

Um eine frei stehende Bank wie hier mit Rosen zu umweben, rahmen Sie den Sitzplatz mit Rankgittern ein, an denen die Ramblerrosen emporturnen können. Ist das lauschige Refugium hingegen in einen Hang integriert, benötigen die Rambler keine Rankhilfe, sondern können sich die Böschung hinab auf die Bank zu ergießen und auch seitlich den Hang in ihr Blütenspektakel einbeziehen.

Garten-Design: Evi Meier, D
Garten: Meier, D
Foto: Jürgen Becker

Luxus-Lodge als illusionärer Grenzfall

Enge und bedrängende Nähe lässt sich im Garten oft eher auf illusionäre Weise überwinden als in faktischer Realität. Weshalb also nicht unseren Sinnen und der Fantasie ein Schnippchen schlagen, wenn das Resultat Verzauberung und Wohlbefinden verspricht!

Trügerische Spiegelbilder

Der geschickte Einsatz von Spiegeln kann durch Wände beengte Terrassen oder von Mauern und Gebäuden umzingelte Sitzplätze auf die wohl raffinierteste Weise vergrößern, indem man das magische Glas nutzt, um die Grenzen zu „öffnen". Denn Spiegel vermögen sowohl Durchblicke wie Durchgänge in riesige Räume in allen Größen und Formaten vorzutäuschen. Sein und Schein gehen aber nur dann unlösbar ineinander über, wenn man die Kanten der Spiegel hinter Elementen wie Spalieren, Treillagen, Tür- oder Fensterrahmen, Rosen- oder Mauerbögen verbirgt. Kommen die Spiegel ohne diese Vorsätze zum Einsatz, sollten immergrüne Kletterpflanzen wie Efeu (*Hedera helix*) ihre Kanten kaschieren, um die Illusion eines offenen Raums perfekt zu machen.

Lebensart im Schatten

Im mediterranen Süden Frankreichs kommt Sitzplätzen im wohltuenden kühlen Schatten noch eine größere Bedeutung zu als in Nordeuropa. Dieser erlesene Sitzplatz wird gleich doppelt schattiert: zur einen Seite von Palmen und weiteren urtümlich hohen Bäumen, zur anderen Seite hin von der Fassade eines mächtigen Gebäudes. Durch den extravaganten Einsatz großer Spiegel gelang es hier jedoch, das bauliche Element großenteils durch eine gespiegelte mediterrane Flora zu ersetzen. Die Spiegel verdoppeln jedoch nicht nur die grüne Pracht rund um den Sitzplatz, sondern fangen auch Sonnenstrahlen ein, die das Freiluftdomizil in bukolisches Licht tauchen. Das Gestaltungskonzept beschränkt sich aber nicht allein auf großflächige „Vorspiegelungen", es besticht auch durch seinen stilistischen Auftritt. Die großzügigen Bambus-Möbel, in deren weichen Polstern man versinken kann, verleihen dem Sitzplatz das luxuriöse Flair eines Salons aus Kolonialzeiten. Verstärkt wird diese aparte Exotik durch Bambus, der parallel zu den Möbeln in hohen Stangen auch zum dekorativen Verblenden der Spiegelkanten eingesetzt wird.

Mögliche Plätze für illusionistische Spiegel an Gartengrenzen

- in Nischen, Bögen, Fenstern von Sichtschutzwänden, Mauern, Pergolen
- in oder hinter Wandspalieren
- in oder hinter Tür- und Fensterrahmen vor Mauern und Fassaden
- in Heckenfenstern oder zwischen Schnitthecken
- in Trompe-l'oeil-Malereien auf Mauern und Wänden

Garten: Privatgarten in Tours, F

Foto: Ferdinand Graf Luckner

Weitere Bücher des Becker Joest Volk Verlags

Sichtschutz- und Gartendesign
160 Seiten mit ca. 126 Farbabbildungen, Pflanztabellen und Adressen
Format 30 x 24 cm
Text und Fotografie Modeste Herwig
EUR 39,90 (D) / 41,10 (A) / sFr. 64,00
ISBN 978-3-938100-15-8

Prachtvolle Nutz- und Bauerngärten
Kräuter, Gemüse und Schnittblumen – kulinarische Genüsse in zauberhaften Beeten
162 Seiten mit ca. 220 Farbabbildungen, Pflanztabellen, Tipps und Adressen
Format 30 x 24 cm
Text Wolfgang Hensel
Fotografie Jürgen Becker
EUR 29,90 (D) / 30,80 (A) / sFr. 49,50
ISBN 978-3-9808977-0-9

Das große Ideenbuch Garten und Terrasse
256 Seiten voller Ideen und praktischer Tipps – von modern bis klassisch
ca. 126 Farbabbildungen, Format 30 x 24 cm
Text Gisela Keil
Fotografie Modeste Herwig, Jürgen Becker
EUR 29,90 (D) / 30,80 (A) / sFr. 48,00
ISBN 978-3-938100-09-7

Garten-Highlights
Faszinierende Gestaltungsideen für das ganze Jahr – Akzente, Blickpunkte und Arrangements für Ihren Traumgarten
162 Seiten mit ca. 200 Farbabbildungen, Pflanztabellen, Tipps und Adressen
Format 30 x 24 cm
Text Wolfgang Hensel
Fotografie Jürgen Becker
EUR 29,90 (D) / 30,80 (A) / sFr. 48,00
ISBN 978-3-9808977-2-3

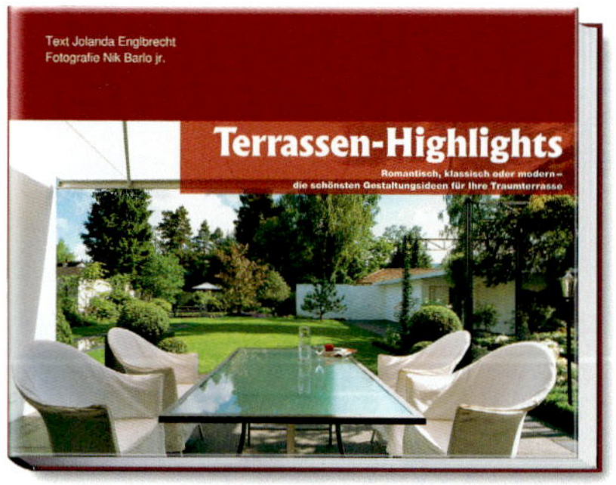

Terrassen-Highlights
Romantisch, klassisch oder modern – die schönsten Gestaltungsideen für Ihre Traumterrasse
160 Seiten mit ca. 130 Farbabbildungen, Pflanztabellen, Tipps und Adressen
Format 30 x 24 cm
Text Jolanda Englbrecht
Fotografie Nik Barlo jr.
EUR 29,90 (D) / 30,80 (A) / sFr. 48,00
ISBN 978-3-938100-08-0

Pflanzen-Highlights
Von Allium bis Zaubernuss – erlesene Schönheiten für jeden Standort
208 Seiten mit ca. 200 Farbabbildungen
Format 30 x 24 cm
Text Susanne Wiborg
Fotografie Ursel Borstell
EUR 34,90 (D) / 35,90 (A) / sFr. 56,00
ISBN 978-3-9808977-4-7

Weitere Bücher des Becker Joest Volk Verlags

Der Wellness- und Kräuter-Garten
Die private kleine Oase zum
Abschalten und Regenerieren
144 Seiten mit ca. 85 Farbabbildungen
Format 23,5 x 27,8 cm
Text Dr. Wolfgang Hensel
Fotografie Jürgen Becker
EUR 24,95 (D) / 25,70 (A) / sFr. 39,90
ISBN 978-3-938100-01-1

Zauberhafte Dekorationen
für drinnen und draußen
Inspirationen für alle Jahreszeiten
120 Seiten mit ca. 90 Farbabbildungen
Format 23,5 x 27,8 cm
Text Silke Kluth
Fotografie Elke Borkowski
EUR 24,95 (D) / 25,70 (A) / sFr. 39,90
ISBN 978-3-938100-03-5

Ein Jahr im Garten
Die Hände in der Erde und
das Herz im Himmel
216 Seiten mit ca. 155 Farbabbildungen
Format 24 x 16 cm
Text und Fotografie Ilga Eger
EUR 16,90 (D) / 17,40 (A) / sFr. 27,00
ISBN 978-3-938100-21-9

Ewige Rose
Ein immer währender Kalender
132 Seiten mit ca. 66 Farbabbildungen
Format 18 x 19 cm
Text Anny Jacob
Fotografie Josh Westrich
EUR 9,95 (D) / 10,30 (A) / sFr. 15,90
ISBN 978-3-938100-14-1

Index

Index

Weiterführende Literatur

„Gartenzimmer draußen genießen"
Christine Barberich, David Matheson
BusseSeewald, Herford (2006)

**„Gärten in der Stadt.
Grüne Idylle zwischen Mauern"**
Susan Berry
Callwey, München (1997)

„Wie wir im Freien wohnen"
Stafford Cliff, Gilles de Chabaneix
Christian Brandstätter, Wien (2005)

**„Terrassen-Highlights.
Romantisch, klassisch oder modern – die schönsten Gestaltungsideen für Ihre Traumterrasse"**
Jolanda Englbrecht, Nik Barlo jr.
Becker Joest Volk Verlag, Hilden (2005)

„1000 Chairs"
Charlotte und Peter Fiell
Taschen, Köln (2005)

„Outdoor Decorating and Style Guide"
Nora Richter Greer
Rockport Publishers, Gloucester/Massachusetts (2003)

„Sichtschutz- und Gartendesign"
Modeste Herwig
Becker Joest Volk Verlag, Hilden (2006)

**„Terrassen und Sitzplätze.
Refugien für Gartengenießer"**
Gisela Keil, Nik Barlo jr.
Callwey, München (2003)

**„Das grüne Zimmer.
Der Garten als moderner Wohnraum"**
Joe Swift
Ulmer, Stuttgart (2003)

**„Baumhäuser.
Fantasiewelten selbst gebaut"**
David Parfitt
Ulmer, Stuttgart (2006)

„Deko-Highlights für Garten, Terrasse und Balkon. Zauberhafte Arrangements, Tischdekorationen und Sitzplätze – faszinierende Anregungen für das ganze Jahr"
Gisela Keil, Ursel Borstell
Becker Joest Volk Verlag, Hilden (2004)

**„The Complete Book of Garden Seating.
40 Great Projects from Wood, Stone, Metal, Fabric and more"**
Janice Eaton Kilby
Lark Books, Ashville/North Carolina (2001)

**„Kleine Gärten voller Phantasie.
Raffiniert gestalten und stimmungsvoll bepflanzen"**
Gisela Keil, Jürgen Becker
DVA, München (2006)

**„Der große Gartenplaner.
Planen, Entwerfen, Kalkulieren"**
Peter Wirth (Hrsg.)
Ulmer, Stuttgart (2005)

Die Fotografen, die Autorin und der Verlag danken den Gartenbesitzern und -architekten, die durch ihre freundliche Unterstützung zum Gelingen dieses Buches beigetragen haben.

Für die unermüdlichen Bemühungen um die außerordentliche Qualität dieses Buches danken wir unseren Mitarbeitern Ilona Schyma, Phoebe Päth, Justyna Krzyzanowska, Vanessa Peters, Johanna Hänichen, Claudia Wester, Claudia Wilke und Volker Hoebel. Besonderer Dank für den persönlichen Einsatz gilt Siegfried Huck und seinem Team, Klaus Fischer und dem Team von Wesel Kommunikation Baden-Baden und VVA Kommunikation Düsseldorf für die fachliche Unterstützung und die Geduld beim Ringen um ein einzigartiges Druckergebnis.

Originalausgabe Becker Joest Volk Verlag

1. Auflage März 2007 (5.000)

ISBN 978-3-938100-16-5

Text: Gisela Keil
Fotos: Nik Barlo jr., Jürgen Becker, Gary Rogers, Ferdinand Graf Luckner
Layout, Typografie, Satz, Bildbearbeitung, Lithografie, Lektorat:
Makro Chroma Werbeagentur, Hilden
Druck: Wesel Kommunikation Baden-Baden / VVA Kommunikation Düsseldorf

Hilden, den 15.03.2007